平凡社新書
1034

ウクライナ戦争
即時停戦論

和田春樹
WADA HARUKI

HEIBONSHA

ウクライナ戦争　即時停戦論●目次

はじめに

二〇二二年二月二四日に始まったウクライナ戦争。

戦争はすでに一年以上も続き、ますます危険なものとなっている。ロシアとウクライナの人々のためにも、われわれのためにも、そして全世界の人々のためにも、この戦争を一日でも早く止めなければならない。

多くの人間が殺されている。マーク・ミリー米統合参謀本部議長が二〇二二年一一月九日に語ったところによれば、ロシア軍は一〇万人を大幅に上回る死傷者を出し、ウクライナ軍も同程度の死傷者を出しているだろうという（「朝日新聞」一一月一〇日）。ウクライナの市民の死傷者はどれほどになるのか、途方もない数にのぼるに違いない。兵士市民を合わせれば、両国の死傷者数は三〇万人におよぶであろう。さらに諸外国からやって来た多くの傭兵や義勇兵も死んでいる。そしてウクライナからもロシアからも外国へ脱出し難民化した人が膨大な数にのぼる。

ロシアからの砲撃、爆撃によってウクライナ人の生活と記憶と文化が破壊されている。ロシアからの石油、天然ガス、ウクライナからの穀物の供給が制限され、世界の人々の生活に打撃をあたえている。アフリカでは飢饉の発生が心配されている。戦争は最大の二酸化炭素放出の行為であり、気候変動に大きな影響をあたえる。北極の氷も溶けている。もとより地震も待ってはくれない。この戦争の仲裁に重要な役割を果たしてきたトルコでは、二〇二三年二月六日の地震で五万六〇〇〇人を超える死者を出し、政府は仲裁に動けなくなった。

ウクライナ戦争の継続、拡大とエスカレーションは人類にとって致命的である。ウクライナ戦争はすでに新しいモデルのヨーロッパ戦争になっている。アメリカとヨーロッパの五〇ヵ国がウクライナを支援して、ロシアと戦っている。そしてこの戦争がアジアに拡大することが恐れられている。世界戦争への助走が始まっていると言えそうである。

ロシアはこの戦争において孤立している。二〇二二年三月二日、国連総会でロシア非難決議の採決が行われた。ロシア非難決議に賛成したのは一四一ヵ国にのぼり、ロシア非難に反対する国は、ヨーロッパではロシアの西隣のベラルーシ、中東ではシリア、そして東北アジアでは北朝鮮、あとはアフリカのエリトリア、それに当のロシアの五ヵ国のみだった。しかし、三五の国がロシア非難決議に棄権し、中立を標榜した。それらは、中国、ベトナム、インド、パキスタン、イラン、イラク、南アフリカ共和国、アルジェリア、キューバ、ニカラグアなどで、アジア、アフリカ、ラテンアメリカ地域に多かった。

そのような状況を見て、欧米諸国はウクライナ支持、ロシア非難の対決姿勢をユーラシア国家ロシアの向こう側、東北アジア、東アジア、さらにグローバル・サウスで固めようとしている。だが東北アジアには、ロシア以上にその強国志向を警戒される中国、ロシアを支持する北朝鮮が、アメリカの同盟国である日本、韓国と向かい合っているのである。北朝鮮は、米国を意識して核兵器を改良し、ミサイルの実験的発射を日本海に向けて、限りなく続けている。米国は台湾問題で中国との緊張を意識し、中国の過剰な反応をよびおこしている。日本は二〇〇六年九月以来北朝鮮との関係交渉を断絶しているが、敵地攻撃のため長射程巡航ミサイル「トマホーク」を購入して、配備しようとしている。こうした現況をふまえれば、ウクライナ戦争の対立の火の粉がこの地域に飛ばないようにして、ここで第二の戦争が起こることがないようにしなければならないのである。

ウクライナ戦争自体では、戦争が始まった直後からロシア、ウクライナ両国の政府が戦争を止めるための交渉を始めていた。そして二〇二二年三月二九日に行われた第五回目の停戦協議で、ウクライナ代表から提示された停戦条件をロシア側が歓迎し、キーウ（キエフ）へ進めていた部隊を撤退させたのであった。ところが、四月三日、ブチャでウクライナ市民の虐殺遺体が発見されると、ロシア非難の渦が巻き起こり、停戦協議は最初の成果ともども吹き飛ばされてしまった。以後、戦争はウクライナ東部で本格的に爆発し、今日まで続いている。

今は一刻も早くウクライナ戦争の即時停戦を実現すべきときである。一九五〇年に始まった朝鮮戦争は開戦から一年と一五日後に停戦会談が行われた。七〇年前の戦争と比べれば、今日の戦争の破壊力ははるかに大きい。ウクライナ戦争を一年以上続けるのは罪であると言わざるをえない。

「今こそ停戦を！」の声は全世界で高まりつつある。求められるのは、停戦協議の再開である。ロシアとウクライナは戦争をしながらでもよいので、停戦協議を再開しなければならない。中立的な立場をとる中国、インド、インドネシア、ブラジルなどがトルコに続いて、停戦仲裁の行動をはっきりととりはじめた。もとより停戦への道は容易な道ではないことは確かである。ロシアが「クリミアに手を出すな」、「ドンバスの二共和国と南ウクライナの二州を併合する」と宣言し、最大限要求を提示すると、対するウクライナは「クリミア奪還のために勝利の日まで戦い抜く」と強く主張している。両者は停戦会談のテーブルにつく気配をみせていない。

ウクライナに武器を与えて、この戦争に事実上参戦しているＮＡＴＯ、ＥＵ、Ｇ７諸国は戦争をロシア領内攻撃に拡大することをウクライナに禁じているが、いつその抑制が効かなくなるのか、不確実な状況が続いている。

ウクライナは五〇ヵ国の支援を受けて、十分に戦い、自らの主権を守った。ロシアに対する勝利をめざして、世界に支援を求め続けるウクライナに、NATO、EU、G7諸国が武器を与え続けることは、この戦争を世界戦争に拡大しかねない危険な行為だということを認識すべきだ。

だが、もとより、ウクライナ人とロシア人をこれ以上殺させないために、即時停戦することが必要だ。停戦するためには停戦会談を始めなければならない。そして停戦は可能であると信じなければ、停戦は実現できない。停戦を実現しなければ、平和にも正義にも近づくことができないのである。

第1章　戦争が起れば「即時停戦」を求めるのは当然だ！

長老たちの願いは虚しかった

二〇二二年は今思い返せば、宿命的な年だったのかもしれない。新しい年が始まって間もない頃、私は漠とした緊張感を抱いていた。そして年賀状には次のように書いた。

「昨年一二月『世界』新年号に論文「日本外交の危機か、われわれの危機か」を発表しました。その書き出しです。「日本では首相が誰に代ろうと、安倍晋三元首相が打ち出した朝鮮半島政策が踏襲される。新首相は、必ず自分の内閣で拉致問題を解決すると約束するが、安倍拉致三原則を疑うことは許されず、胸にブルーリボン・バッジをつけることしかできない。王様は裸だと皆が知っていながら、「王様の新しい着物」に歓呼する声がいつまでもつづく。わたしたちはあの童話の国の住人である。」本年もよろしくお願いいたします。」

一月三日、アメリカ、ロシア、中国、フランス、イギリスの核保有五ヵ国が核戦争の防止と核軍拡競争の回避に関する共同声明を発表したことが報じられた。その共同声明は「核戦争に勝者はおらず、決して戦ってはならないことを確認する」という内容で、核兵

2022年２月22日に行われた東アジア不戦推進プロジェクトの記者会見。写真右から、西原春夫氏、明石康氏、谷口誠氏。

器は「防衛目的のものであり、侵略を抑止し、戦争を防ぐためのものでなければならない」とその用途を限定し、核拡散防止の取り組みを強化することが表明された。前年の二〇二一年から不穏な雰囲気が漂うウクライナ情勢を憂慮していた者にとっては、思いがけない明るい知らせであった。

　共同声明が発表されてから五〇日後の二月二二日、東京で元早稲田大学総長西原春夫氏が三年前に立ち上げた東アジア不戦推進機構による東アジア不戦推進プロジェクトの首尾について報告する記者会見が行われた。その内容は、先の戦争を直接知る八五歳以上の長老たちが共同で、東アジアの国々の首脳に呼び掛けて、二月二二日二二時二二分二二秒に「東アジアを戦争のない地域にする」と宣言してもらうというものだった。

　西原元総長は中国を中心にプロジェクトを進め

てきたが、「現状では宣言を出してもらうのは難しい」と会見で述べた。会見には、共同提言者の明石康氏（元国連事務次長）と谷口誠氏（元国連大使）が出席し、賛同協力者の岡本厚氏（『世界』元編集長、岩波書店元社長）や南丘喜八郎氏（『月刊日本』主幹）も姿をみせた。あまりにも悲劇的な結末に終わった記者会見だと私は感じるしかなかった。西原春夫氏はそれから一年が経った二〇二三年一月二六日に九四歳でこの世を去った。

西原元総長の記者会見が行われた二月二二日の新聞各紙朝刊は、前日の二一日にロシアのプーチン大統領がウクライナ東部に親露派が建国した二つの共和国（ドネツクとルガンスク）の独立を承認する大統領令に署名し、ロシア国防省に「平和維持」のため部隊の派遣を指示したことを報じていた。これに対し、米国のバイデン大統領は演説し、このロシアの動きは「侵攻の始まり」だと認定し、約束していた米露首脳会談開催を白紙にすることを明らかにした。

そして西原元総長による会見の二日後の二月二四日正午（モスクワ時間）、プーチン大統領は「ウクライナ東部で特別な軍事作戦を開始する」と発表した。ロシア軍は長期間にわたり演習名目で一五万余の大軍をウクライナとベラルーシの国境近くに集結させていたのだが、その大軍に国境を越えることが命じられ、さらに南のクリミア方面からもロシア軍がウクライナに侵入した。日本の長老たちによる平和への祈りも空しく、またもや核保有大国が他国に公然と侵攻する戦争を開始したのであった。

ロシアもウクライナも「停戦」を望んでいた

私は八四歳になるまで、ロシアと朝鮮の歴史の研究に生涯を捧げてきた。同時に市民として一九六八年以来、平和運動と国際連帯運動に参加してきた。当然ながら、今回のウクライナ戦争勃発のニュースは私に大変な衝撃と苦痛を与えた。

一九七九年一二月にソ連軍がアフガニスタンに侵攻した時は、暗闇の中での行動開始であった。当時は今のようにインターネットを通じてすぐに情報が手に入る時代ではなかったので、戦争のニュースは遠い山火事の話のように感じていた。しかし今はプーチン大統領がテレビやパソコンの画面から「特別な軍事作戦を開始する」と宣言し、万人注視のもとで、ロシア軍は国境を破って、ウクライナ領内に進撃したのだった。

「デジャヴュ（既視感）」という言葉がある。私は、二〇〇三年三月一七日のブッシュ大統領のテレビ演説を思い出していた。イラク大統領サダム・フセインとその二人の息子に対し、四八時間以内にイラクを出国するように要求して、そうしなければイラクを攻撃すると威嚇した演説だ。それからきっかり四八時間後、紅海とペルシア湾上の米英海軍艦船から発射された四〇発の巡航ミサイル「トマホーク」がイラクの首都バグダッドに着弾した。それからほぼ二〇年後の二〇二二年に、どうしてあのような恐怖が再発したのか、このような戦争（ウクライナ戦争）が始まってしまうのをどうして止めることができなかったのだろうか。私は漠とした悔いと強い憤りを感じるしかなかった。

ロシア非難の声は欧米から挙がり、世界中へと拡がった。日本でも主要新聞とテレビ各局、政府も全政党が一致して、ロシアの侵略を非難した。「朝日新聞」の二月二五日の朝刊には早々と「ロシア　ウクライナ侵攻　秩序と民主を侵す暴挙だ」と題された社説が掲載された。また、新聞各紙はいわゆる識者たちの意見を載せており、それらの人々もロシアを、そしてプーチン大統領を非難していた。

私は日本共産党の機関紙「しんぶん赤旗」から今回の戦争に関して談話を求められた。私もロシアの行動を「今の時代で許されない侵略的行動」だと指摘したが、「ウクライナをNATOに加盟できないようにするから、ロシアはウクライナの領土保全を約束しろと言って、開戦を止めるべきだった」と語った。翌日、取材をした記者から連絡があり、「アメリカに対する批判的な部分は載せられません」と言ってきた。私は驚いたが、ロシア国内で起きている反戦デモを支援すべきだと述べた部分は記事に入るというので、掲載を取りやめるとは言わなかった。

二月二七日の「しんぶん赤旗」の一面には「世界がロシア包囲」の大見出しのもと、

「八〇ヵ国『侵略非難』決議案　国連安保理ロシア拒否権で否決」と報じられていた。そして二、三面に「ロシアは侵略直ちにやめよ」という大見出しのもとに、国際法学者の阿部浩己氏（明治学院大学教授）、ウクライナ出身のオリガ・ヤスイノク氏、作家の平野啓一郎氏、日本原水協事務局長安井正和氏と私の意見が掲載された。以下がその全文である。

「ロシア軍によるウクライナ侵攻は、今の時代では許されない強硬な侵略的行動です。一般市民にも死傷者が出ており、ロシアの軍事行動に対して軍事力で対抗するのではなく、平和的な交渉で解決するしかありません。

ウクライナはソ連崩壊後に独立するまでロシアと三五〇年以上、一つの国でした。ギリシア正教の発祥地である首都キエフはロシアにとっては聖地であり、歴史的にも地政学的にもつながりが深い。ロシアとウクライナは友好的な関係でいなければならないのは明らかです。ロシアとウクライナとの関係維持を目指して国際社会が団結すべきです。

プーチン政権は内政的にも力が落ちています。ロシア人は、民衆の抵抗によって抑圧的なソ連共産党体制を崩壊させた民族です。民衆には批判的な精神や抵抗があり、プーチン大統領はそれを怖れています。今回のプーチン氏による軍事行動に対しても、ロシア各地で反戦デモが起こっています。国際社会や市民社会は反戦の声を上げて、民主化や反戦を求めるロシア市民の力を応援することが重要です。」

のちに懇談のために日本共産党本部を訪れると、建物の前には「ロシアはウクライナ侵略やめよ」「『国連憲章まもれ』の世論でプーチン大統領を包囲しよう」というポスターが貼ってあった。これが日本共産党の主張なのだと改めて認識せざるを得なかった。

本書の冒頭でも述べたが、開戦から五日目の二月二八日には、ベラルーシのホメル（ゴメリ）地方でロシアとウクライナの政府代表が停戦に向けた協議を始めていた。朝鮮戦争において停戦協議が始まったのは、開戦してから約一年後だったこともあり、開戦五日目という早い時期に両国が協議を始めたことを知って、私は驚いてしまった。ウクライナはロシアと戦争をしたくない、ロシアも戦争を続けたくないと思っているのではないかと感じられた。これは異例な事態である。

「停戦協議」のことは新聞にも報じられた。二月二七日付の「朝日新聞」には「『停戦』透ける傀儡《かいらい》化の狙い」という記事があり、冷笑的な内容だったが、二月二八日の最初の協議と三月三日の第二回協議も報道され、三月七日に行われた第三回協議は一面トップで「ロシア、『停戦条件』譲らず」という大見出しが付いた記事が載っていた。私はこの停戦協議の報道に接して、即時停戦を願う声をあげて、行われている協議を助けるべきだという考えを持つに至った。

ちょうどその時期、私は、二〇〇二年の小泉純一郎首相の訪朝から二〇年を迎えるという理由から、日朝交渉の全経過を検証して、どうして完全な決裂状態に陥ったのかを明らかにするためのオンライン会議を定期的に開催していた。三月五日にそのオンライン会議が開かれ、私は安倍政権の誕生とともに打ち出された北朝鮮敵視敵対宣言について報告した。会議の前に、長くロシアの歴史を研究してきた私がウクライナ戦争をどう考えているのか報告後に少し話して欲しいという要望が伝えられ、私は次のように述べた。

「ウクライナにロシアが攻め込んで、ロシアを研究して来た者として、衝撃を受けました。私たちはロシアの運命はどうなるかということを心配して見守っている者です。ロシアの戦争について抗議もするし、反対もしておりますが、この戦争を止めさせるにはどうしたらよいかということをも考えざるをえないのです。」

「この世界は戦争がしょっちゅう起こっています。ついこの間、アメリカは二〇年間攻め込んでいたアフガニスタンから軍隊を撤退させたところです。アメリカが引き揚げたその国では、アメリカが打倒したタリバン政権がただちに復活しています。『国際紛争の解決に武力による威嚇ないし武力の行使をもってすることを永久に放棄する』というような憲法の規定を持っている国は日本以外にほとんどないのです。ですから戦争をしようとする国は平気で戦争をしています。とくに核兵器をもっている大国は戦争をするのです。」

「冷戦が終わった後は、共産主義と資本主義の国家の敵対的関係はなくなり、新しい共生、平和の世界ができたと考えられたのですが、一九九〇年以後の世界はそのようなものにはまったくなっておりません。」

「この世は聖人君子の国ばかりでできているのではない。戦争が起こっている、戦争が起こる可能性がある、世界はそういう物騒な状態なのです。」

「そういうことはみんながわかっていたことだと思うのですが、突然、隣国に大軍で攻め込むとはロシアの指導者プーチンは頭が狂ったのか、けしからん、やっつけろ、こんな侵略が許されたら、この世に正義などなくなってしまうとヨーロッパの方ではみんなが言い出して、ロシア撃つべしと総立ちになっています。日本でも、政府もメディアも、学者も市民もみなそういう気分になっています。」

私がこのように強調したのは、一九六〇〜七〇年代にベトナム反戦市民運動に参加したという私の経験からだった。

ベトナム戦争を知る世代の想い

日本でのベトナム戦争反対の市民運動と言えば、小田実、鶴見俊輔、高橋武智の各氏らを中心とする「ベトナムに平和を！」市民・文化団体連合、略して「べ平連」の運動がよく知られている。

1967年４月「ワシントン・ポスト」紙に掲載された「べ平連」の意見広告「殺すな！ Stop the Killing in Vietnam」。

アメリカの北ベトナム爆撃が始まったのは、一九六五年二月七日のことで、さらに、アメリカ海兵隊がダナンに上陸侵攻したのが三月八日であったから、「べ平連」が、毎月一回の定例デモを東京の真ん中で五月二二日に始めたのは、相当に素早い行動であった。そしてその年の一一月には「ニューヨーク・タイムズ」紙に意見広告「アメリカの友よ、沈黙を破れ、私たちと一緒に平和のために声をあげよう」を出した。六七年四月にも「ワシントン・ポスト」紙に意見広告「殺すな！ Stop the Killing! ベトナム戦争をやめよ Stop the Vietnam War!」を出していた。「殺すな」は岡本太郎氏による字であった。

一一月には、「べ平連」の人々は「JATEC（ジャテック、反戦脱走米兵援助日本技術委員会）」なる秘密組織を作り、アメリカ海軍航空母艦「イントレピッド」号から脱走した四人の反戦水兵をかくまい、横浜港に入港したソ連船に乗せ、スウェーデンに逃がしたのだった。べ平連に集まった市民は、運動開始後三年にもならないうちに、侵略戦争をする米国とその軍隊に公然と挑戦する行動に出たのであった。

私は、「べ平連」の人々の動きを畏敬の念を抱いて見ているばかりで、何も行動しなかった。ロシア革命五〇周年記念論文集のために「ロシア二月革命」という論文を書くことに没頭していたのである。ベトナムの戦場で負傷したアメリカ兵を乗せたヘリコプターが、私の家から北方向にある朝霞米軍病院に向かうために飛んで来ても、私は何もせず、ヘリコプターの爆音を一年近く聞いていた。

だが、一九六八年五月、ついに私もベトナム戦争に反対する市民運動を始めることになった。私は大泉学園駅前で初めて配るビラに次のように書いて、それまでずっと溜め込んでいた鬱憤を晴らしたのであった。

「今日アメリカは、南ベトナムに約五〇万の大軍を送り込み、ありとあらゆる残虐な兵器を用い、第二次大戦中に連合軍機がナチス・ドイツに投下した以上の爆弾をベトナム全土に落している。これは一体何のためなのか。ジョンソン大統領はいう、『ベトナムにおける自由』のため、『民主主義』のためだと。だが、国中の無頼漢と五〇万人の外国兵によって、月平均数百万発の爆弾によって押し付けられる『自由』とは何か、『民主主義』とは何なのか。そんなものは自由でも、民主主義でもない。」

「だから、ベトナム人は決して屈しない。南北あわせて三千万のこの小国の民は一千年ものあいだ北の中国の支配とたたかい、百年間にわたってフランスの支配とたたかってきた。（中略）そのようなベトナム人を相手にしては、世界第一の強大国アメリカといえども勝つことはできない。」

「この汚い戦争は、結局は終るだろう。だが、そのときには、アメリカは人類の名で裁かれ、厳しく罰せられるに違いない。もしもアメリカが裁かれ、罰せられることなく、この戦争が終るなら、世界のどこかに第二のベトナムがつくられることはまぬがれない。」

さらに私は自分も参加していた「大泉市民の集い」のデモのために歌をつくった。

もしも君たちが平和をのぞむなら
ベトナムに平和をたたかいとろう
ベトナムに侵略がつづくかぎり
われわれの平和もありはしない

これが歌詞の一番だったが、ほとんど歌うことのなかった四番はこうであった。

もしも君たちが正義をねがうなら
アメリカをとりかこみ裁きをくだそう
侵略者が罰されて滅びぬかぎり
この地上に正義などありはしない

遅れてベトナム反戦運動に参加した私たちは、もはや「ベトナムに平和を」、「アメリカ兵はベトナム人を殺すな」とだけ言っていたのでは済まされないという気持ちになっていた。アメリカは侵略者で、アメリカの戦争犯罪は明らかだった。アメリカを敗北に追い込み、降伏させなければならない。そして戦争が終わったら、敗北したアメリカは戦争犯罪を裁かれ、生まれ変わらなければならないと強く信じていた。一九四五年に降伏し、極東裁判を受け入れた日本と同じように、である。

私たちは朝霞の米軍病院に収容されている傷病兵に日曜日ごとに反戦を呼び掛ける「放送」をするようになり、基地の中から呼応してくれた反戦米兵が作る新聞を印刷して、病院の中に投げ込んだ。「さあここで戦争の機械をとめよう」、「米軍解体」というスローガンは私たちが中心になって推進したものだ。私たちは、アメリカの地上軍がベトナムを去り、朝霞米軍病院が閉鎖されるまで、熱心に運動を続けた。

ベトナム戦争時、埼玉の米軍朝霞基地を一周するデモを行った「大泉市民の集い」。中央でマイクを握っているのが筆者。撮影＝飯田隆夫

一九七五年、ベトナム戦争がアメリカの敗北で終わった時、五月一〇日東京で市民の祝賀デモが行われた。私たちは、同志

であった朝霞の黒人兵チェこと、ハワード・ジャクソンの写真を掲げて参加した。

戦争が終結したことに私たちは安心したが、ベトナム人の払った途方もない犠牲と全世界を覆った反戦運動の巨大な圧力にもかかわらず、ベトナムから逃げ帰ったアメリカは侵略戦争を反省し、謝罪することもなく、戦争犯罪の裁判を受けることもなかった。それから二〇年後の一九九五年にアメリカとベトナムは国交正常化の条約を結んだが、それは反省も謝罪もない、賠償の支払いもない、ただの国交正常化であった。ベトナム政府は「過去に蓋をして」生きるという方針だと説明したという(伊藤正子『戦争記憶の政治学　韓国軍によるベトナム人戦時虐殺問題と和解への道』平凡社、二〇一三年)。

アメリカは予想通り、その後も戦争を続けた。二〇〇二年にはアフガニスタンに攻め込み、タリバン政権を打倒し、二〇年間軍事行動を続けた。二〇〇三年にはイラクに攻め込み、サダム・フセイン政権を打倒し、フセインを処刑した。イラクは一時この世の地獄のような状態に陥った。イラク戦争はいつ終わったのか、誰にもわからないだろう。

ベトナム戦争の終わりから四五年が経過したが、戦争をする大国、核保有国を罰して、正義をおこなうことなど簡単にはできないということを、思い知らされた経験を忘れていなかった。ロシアがウクライナ戦争を始めた時、私の胸中にひろがっていたのはこのような想念であった。

開戦一週間後に停戦を求める「声明」を作る

アメリカは「立派な国」で、民主主義国であり、「世界第一の文明国」であり、「日本の安全を保障してくれている国」だと言われている。日本はアメリカと日米安全保障条約を結んでいて、敗戦後七五年間もアメリカ軍に基地を提供し、アメリカの核の傘によって守ってもらっている。だから、日本はアメリカのことは相手にしない、考えたくない、関係ないとは言えないのである。

結局のところ、アメリカもロシアも核兵器を所有しているので、平然と戦争をする恐れがあるということなのであろう。われわれはロシアが戦争を始めることにも反対するし、アメリカが戦争を始めることにも、反対しなければならないのである。

この世界は戦争がやたら起こっている、戦争が起きる恐れをはらんでいる、物騒な世界なのだから、戦争が始まりそうになったら、なんとしても阻止しなければならないし、戦争が起きてしまったら、すぐ止めるように働きかけなければならない。処罰する、正義を実現するなどと言う前に、まず戦争を止めることに最大限の力を注ぎ、そのあとで損害の修復をできる限り支援し、正義の回復をはかるように努力を積み上げていかねばならない。

そんなことを考えていた私は、ウクライナ戦争が始まってから約一週間後の三月五日に友人たちに問われて、ウクライナ戦争に対する自分の姿勢を次のように述べた。

「戦争をストップさせるにはあらゆる手段を尽くさなければならない。ウクライナが抵抗戦を戦うのは当然だ。友好国がその抗戦を支援することはいい。ロシアに経済的な制裁をくわえることもいいだろう。だが、それだけでは止められない。ロシアと話し合いもし、ロシアが何を望んでいるのかを聞いてやり、ロシアを撤退させることが必要だ。ロシアはとんでもない悪党だ、ロシアをこの世界から追い出し、崩壊させなければならないということばかり言っていたのではどうにもならないのだ。現にロシアとウクライナはいま戦争をしながら、交渉をはじめている。これを助けることが必要だ。交渉には仲介者が必要だ。トルコがすでに働いているが、ロシアの隣国である日本、中国、インドも仲裁者になり、ロシアの主張も聞いてやり、停戦に向かわせることが必要だ。」

このように私が停戦を呼び掛けたのは、ロシアについての二つの認識が前提となっている。それは、「プーチンはヒトラーではない」ということと、「ロシアとウクライナは三五〇年間一つの国だった」ということだ。次章以降でこの二つの認識について述べたい。

第2章　プーチンは世界征服をたくらんではいない

プーチンがヒトラーに見えてきた⁉

ウクライナ戦争が始まると、ヨーロッパ、特にイギリスでは一九三九年の記憶がよみがえっていた。確かに、ヨーロッパでは、冷戦の時代は「長い平和――long peace――」であった。イギリスはアフガン戦争にも、イラク戦争にも参戦したのだが、それはみなヨーロッパの外で起きた戦争であった。もっとも、ユーゴ内戦には、NATOが介入してセルビアなどで爆撃が行われたのだが、EUができて、ヨーロッパは一つの大きな共同体になったと思われていたのだろう。ユーゴ内戦のことはなぜかヨーロッパ人の記憶の外に押しやられ、忘れられてしまっていた。

そんなところにロシアがウクライナに侵攻した。戦争が始まった途端、ヨーロッパの人々の脳裏には、あのヒトラーの暴挙、第二次世界大戦勃発の記憶がよみがえり、さらにプーチンの顔がヒトラーの顔のように見えてくるようになったのである。

ヒトラーが一九三九年九月一日にポーランドに侵攻すると、イギリスはチェンバレン首相の有和政策、ロカルノ体制をふり捨てて、フランスとともにドイツに対して宣戦布告した。それが第二次世界戦争の始まりであった。

二〇二二年三月八日にウクライナ大統領ゼレンスキーがイギリス議会でオンライン演説

し、「われわれは最後まで戦う。海で、空で、地上で、森で、街で」と語った。すると、満場が起立して拍手を送った。人々は、明らかにチャーチルの開戦演説を思い出していたのだ。ポーランドに侵攻したヒトラーに重ね合わせるように、ウクライナに侵攻したプーチン大統領をヒトラーになぞらえ、「プーチン＝ヒトラーの再来」と考える人が出てくるようになった。

事実、欧米ではプーチン大統領の体制を「ファシスト」、「ファシスト的」とする議論がすでに存在してきた。アメリカのイェール大学教授のティモシー・スナイダーが二〇一八年に *The Road to Unfreedom: Russia, Europe, America*（邦訳『自由なき世界――フェイクデモクラシーと新たなファシズム（上・下）』慶應義塾大学出版会、池田年穂訳、二〇二〇年）を刊行し、プーチンの体制をファシズムと呼ぶ四つの議論を展開している。第一に、今日のロシアは一九三九年八月独ソ不可侵条約を結んだ直後のソ連に近い、プーチンはヨーロッパの世界秩序を破壊するというヒトラーと共通の目標を持っていると主張する。第二に、プーチンはヨーロッパの極右を支援していると主張する。第三に、プーチンはロシアの亡命者で、ナチズムに帰依したイワン・イリインの信奉者だと主張する。第四に、プーチンはナチの行動を参考にして、クリミア半島奪還を実施したと主張する。スナイダーは一九六九年生まれの中東欧史の研究者であるが、ロシア史はあまりわかっていない人である。

これに対してフランス人のロシア研究者マルレーヌ・ラリュエルが二〇二一年にスナイダー批判の書を出した。*Is Russia Fascist? Unraveling Propaganda East and West*（邦訳『ファシズムとロシア』東京堂出版、浜田樹子訳、二〇二二年）である。開戦直後にこの本の翻訳を出したのは、ロシアのユーラシア主義の専門家浜由樹子氏である。ラリュエルは、プーチンには「ファシスト」的なユートピア思想がなく、帝国主義でもなく、「ポスト・コロニアリズム」であると理性的な反論を開陳した。この論争はあきらかにラリュエルの完勝に終わったのである。だが、ウクライナ戦争の開始はプーチンに対する反感を煽り、敗北した「プーチン＝ヒトラー論」を受け入れる人を増やしているのだろう。

だが、プーチンを「新しいヒトラー」だとし、またプーチンをロシアの歴史的伝統の帰結だと考えると、プーチンのためにベルリンの総統官邸の地下室での最期を用意しないと、戦争は終わらず、正義の回復もないことになってしまう。それでは二〇二三年のわれわれは世界の終わりに行きついてしまいかねない。プーチンとの交渉を図り、戦争を停止させ、ロシアという国を世界政治の討議の中に入れなければ、地球と人類の問題を解決する方向に進むことはできない。とすれば、まずは「プーチンはヒトラーなのか、そうではないのか」と考えるところから議論を始めなければならないようだ。

ペレストロイカの英雄、プーチン

「プーチン＝ヒトラー」という考えを検証するためには、まずプーチンの足跡を簡単にでも追ってみる必要がある。

プーチンは一九五二年、レニングラード（現・サンクト＝ペテルブルク）で生まれた。彼はスターリンの死（一九五三年）の一年前に生まれたことになる。したがってプーチンはスターリンには何のノスタルジーもない。プーチンの祖父はレーニンが最晩年を過ごしたゴールキの邸宅で料理人として働いていた人なので、レーニンとは何かしらの心理的なつながりがあるということになる。父は軍人で、独ソ戦後は労働者となった。

プーチンは一九七五年にレニングラード大学法学部を卒業し、KGB（ソ連国家保安委員会）に入省した。レニングラードKGBに勤務していた頃、プーチンは後に側近となるニコライ・パートルシェフ（同期）、セルゲイ・ナルイシキン（二年後輩）を識った。そして一九八五年、ミハイル・ゴルバチョフ（一九三一～二〇二二）が党書記長として登場した年に東ドイツに赴任し、一九八九年にベルリンの壁が崩壊するまで現地で東欧の変革を観察して、一九八九年にソ連に帰国した。

当時のソ連もペレストロイカ革命の真っ最中であった。プーチンは、レニングラード大学教授でペレストロイカ運動の指導者、アナトーリー・ソプチャク（一九三七～二〇〇〇）の陣営に参加し、開明的な元KGBとしてペレストロイカ革命の流れに身を投じた。ついに一九九一年にはソプチャク・ペテルブルク市長の副市長となり、その六年後にはボリス・エリツィン（一九三一～二〇〇七）の大統領府副長官にのし上がった。一九九八年にはKGBの後身、FSB（ロシア連邦保安庁）長官となり、一九九九年にはエリツィン大統領の首相となった。こうした経歴を見る限り、プーチンは「ペレストロイカ時代の英雄」の一人なのである。

ゴルバチョフが推進したペレストロイカは、ソ連共産党国家体制を破壊し、ソ連解体を導いた。しかし、ゴルバチョフが目指した民主社会主義への生まれ変わりはできなかった。民主社会主義のためにはまず国家社会主義から資本主義へ移行することが必要であったのである。実際には、ペレストロイカの後の経済の改造は順調に進まず、社会は崩壊の危機に直面した。そこでソ連派のクーデターを克服して権力を握ったロシア大統領エリツィンは、資本主義への移行のため国有企業の払い下げというドラスチックな方策をとり、社会的危機はいっそう深まった。そこに独立を目指すチェチェン共和国の動きが加わり、首都でもテロ攻撃が生じた。そうした事態を受け、エリツィン時代の首相は短期間のうちに次々に辞任した。

2000年３月に大統領に就任したプーチン。後方はエリツィン前大統領。

エリツィンが最後に任命した首相がプーチンであった。彼が首相になったのは一九九九年八月であったが、その一ヵ月後の九月にはモスクワ市内三ヵ所で、三〇〇人におよぶ死者を出すアパート爆破事件が起きた。プーチンはこの事件をチェチェン独立派のテロとして、チェチェン戦争を本格的に開始した。彼はチェチェン共和国に入り、現地で軍を指揮している姿を国民にみせ、「鉄の男」というイメージをつくり出した。チェチェン情勢の制圧に成功したプーチンは、一九九九年末にエリツィン大統領が辞任すると、大統領代行に就任し、翌二〇〇〇年三月に「強力なロシア」のスローガンを掲げて大統領選に出馬し、当選した。

この選挙で元異論派のグレープ・パヴロフスキーにプーチンが助けられたことがよく話題に上るが、このパヴロフスキーは異論派の雑誌「ポーイスキ（探求）」の編集者で、歴史家ミハイル・ゲフテルの弟子であって、ペレストロイカ革命の中で新聞「コメルサント」を創刊した人物である。彼がプーチンのブレーンに加わったのは、彼がペレストロイカの危機の中でロシアを救うには強力な国家権力が必要だと考えたからだと私は見ている。ちなみに、パヴロフスキーは、彼が異論派だった時代からの私の知人である。

同じ大学やKGB時代の「仲間」で固められた政権

プーチン政権は、レニングラードKGBとレニングラード大学の関係者で固められた。まず、レニングラードKGB関係者から見てみると、一九五三年生まれで、一九七五年にKGB入りし、対外情報部で働いたセルゲイ・イヴァーノフは、一九九九年一一月から国家安全評議会書記、二〇〇一年には国防相に就任している。また、一九五一年生まれで、イヴァーノフと同じく一九七五年にKGBに入省したニコライ・パートルシェフは、一九九九年から連邦保安局長官を務めている。そして一九五四年生まれで、一九七八年からKGB入りしたナルイシキンは二〇〇四年から大統領府で勤務し始め、四年後には大統領府長官、二〇一一年には国会議長になっている。そして彼は二〇一二年にはロシア歴史協会会長になっている。

レニングラード大学関係の人物としては、レニングラード大学法学部の同窓で、同大学で一九九〇～九七年に教鞭をとっていたドミートリー・メドヴェージェフがいる。メドヴエージェフは、プーチンもかつて従ったソプチャクの顧問を務めていた。一九九九年にプーチンが政権をとると、大統領行政府長官代理に任じられ、二〇〇三年からは大統領府長官になっている。

この他に、一九五〇年生まれのアルメニア人で、一九九二年に外務次官となり、一九九四年からは国連代表を務め、二〇〇四年に外務大臣に任命されるセルゲイ・ラヴロフがいる。また一九六七年生まれで、一九九〇年からトルコ大使館で外交官修業をしていたドミトリー・ペスコフが二〇〇四年から大統領府長官第一代理となった。さらに一九五五年生まれのトゥヴァ自治共和国チャダン出身のウイグル人で、一九九四年から非常事態相になったセルゲイ・ショイグウも現在のプーチン政権を支えている。

「強いロシア」「尊重されるロシア」「自身で守るロシア」を目指して

エリツィンが一九九九年一二月に退陣した際、後継者プーチンが直面したのは、「ロシアの危機」であった。二〇〇八年にプーチンは次のようにその当時を振り返っている。

「八年前、国の状況は極度に困難だった。国はデフォルト（債務不履行）を経験しており、市民の貨幣蓄積は無価値となった。われわれの眼前でテロリストが大規模な内乱を開始し、ダゲスタンに侵入し、ロシアの諸都市で住宅を爆破していた。」

国有財産の払い下げをうけて急速にのしあがった新しい資本家（オリガルヒ）たちは富を簒奪《さんだつ》する者として国民の怨嗟《えんさ》の的になっていた。また、国外ではNATOの東方拡大により、ロシアは不安に陥れられていた。国内外の「ロシアの危機」に直面していたプーチンは強力な国家権力を再建し、国家資本主義的な経済再建を目指した。

「この全期間においてわれわれは一貫して安定的で、行動能力ある政治システムの形成のために働いた。われわれは、原料・金融独占体、メディア財閥、外国の政治層と凶暴なポピュリストたちからの圧力を受けて国家の決定を行うというあしき慣行から国を救うのに成功した。」

大統領権限を強化すべく、二〇〇〇年に全国を連邦管区に分け、大統領特別代表に知事をコントロールさせることにした。その後には、大統領に知事解任権を与える改革を進めた。そして金融改革を進め、経済危機の克服を図った。その際、原油価格の高騰に助けられたのは幸運であった。また税制改革で納税を促進し、オリガルヒを圧迫し、旧国有財産の再国有化も積極的に行った。新聞とテレビ局をオリガルヒから奪い取り、異論を封殺し、プーチン政権の御用言論機関を作り出した。

対外的には、NATOに対抗するために、プーチンはアジア政策の積極化に踏み切った。二〇〇〇年七月、プーチンは初めて北朝鮮を訪問し、金正日とともに露朝共同宣言を発した。その上で、二〇〇一年三月にはイルクーツクで森喜朗首相と会談し、一九五六年の日ソ共同宣言、二島返還方式を基礎に関係改善を進めるという画期的な共同声明を発表した。プーチンは歴代のロシア政府の指導者の中で一九五六年宣言を尊重すると言った最初で、最後の人であった。さらに二〇〇一年七月一六日、ロシアは中国と二〇年の期限を設けた中露善隣友好協力条約を締結し、中ロ国境問題は最終的な解決に向かった。その三年後の二〇〇四年一〇月一四日にプーチンは北京を訪問して、胡錦濤主席とともに国境問題を最終的に解決したと宣言した。プーチンは、領土問題を理性的に解決しうる政治家であることを示したのである。

二〇〇七年に出された『ロシア連邦対外政策概観』において、プーチンは自らの「アジア太平洋地域」政策の成功を確認している。中国とは「前例のない相互信頼の高水準にある」。インドとの戦略的パートナーシップの発展深化が優先課題の一つとされている。日本とは「利害の相互尊重を基礎に全面的パートナーシップのために開かれている」としている。

二〇〇八年にプーチンは国民からの支持を確信して、胸を張っていた。

「人々には絶望もなく、恐怖もなかった。逆にわが国民からの応答は結集と団結だった。」

「分離主義は後退し、テロリズムには決定的で、壊滅的な打撃が加えられた。」

「われわれは国の統一法治空間を復活させた。」

「この全期間において我々は、一貫して安定的で、行動能力のある政治システムの形成のために働いた。」

「現在はっきりと言える。国民の政治的無権利状態に終止符が打たれたと。われわれはわが市民たちの権利が責任ある誠実な権力の効果的機構をつうじて完全に実現されるように最善をつくしているし、今後もつくしていくだろう。そしてついにロシアは世界の舞台に強力な国家として復帰した。尊重される国家、自らを擁護しうる国家として。」

長期政権を狙い、「タンデム」体制を敷く

二〇〇八年はプーチンの大統領任期二期八年が終わろうとしていた年でもあった。憲法の規定ではこれ以上大統領職を続けられなかった。プーチンはこのとき大統領を辞めて、次の人物に地位を譲るか、それとも大統領を続けるために、憲法改正を行って、選挙に勝って、三期連続大統領を続けるかという選択を迫られたのである。

プーチンとメドヴェージェフ。

プーチンを支持してきた元異論派の政権ブレーン、パヴロフスキーはアメリカのローズヴェルト大統領の例を引いて、プーチンは第三期大統領を目指すべきだと論陣を張った。また「主権民主主義」論を唱えた大統領補佐官ヴラジスラフ・スルコフも同じ主張だった。しかし、プーチンはその提案に耳をかさず、次期大統領に二〇〇五年から第一副首相になっていたドミートリー・メドヴェージェフを推したのである。二〇〇七年一二月、メドヴェージェフは与党「統一ロシア」の大統領候補者に決定された。

二〇〇八年三月、メドヴェージェフは選挙に勝利して、大統領に就任した。パヴロフスキーはメドヴェージェフの選挙も手伝った。そしてメドヴェージェフが大統領になると、プーチンは自分を首相に任命させた。これはタンデム(二人乗り自転車)方式と呼ばれた。これがメドヴェージェフを〝飾り物の大統領〟にして、いずれ自分が大統領に戻って、さらに二期大統領職を続けることを狙った方策であったのは明らかであった。実際、プーチンは大統領を辞したのにもかかわらず、二〇二〇年までの長期政策を打ち出したのである。つまり、自分はこれからもロシアを統治するとして、自分の政策を提示したのである。

「第一は人々に対する均等な可能性の創出である。第二はイノヴェイション行動への動機付けの形成である。第三に特に労働の生産性の成長を基礎とした経済の効率のラジカルな向上である。」

そのような政策を提示しながら、目指すべき政治システムについては、明るい展望を語っていた。

「ロシアの政治システムの未来は現代人、わが国市民の数百万人の個人的自由と社会的正義への志向によって決定される。民主国家は市民社会の自己組織化の効率的道具とならねばならない。」

「無責任なデマゴギー、社会を分裂させ、国内政治の過程に外国の援助と干渉を利用する試みは非道徳的であるだけでなく、不法である。」

だが、こうしてプーチンが自らの政権の永続化を狙う動きを示すと、当然ながらプーチンに反対する市民運動が始動することになった。そのような抵抗に対しては「合法的」な抑圧が加えられた。民主政治を志向したオリガルヒの一員、ミハイル・ホロドコフスキーはすでに脱税の容疑をかけられ、二〇〇三年に逮捕され、長期間投獄されていた。法的に抑圧できない分子には暗殺の手段がとられた。チェチェンの独立派に対する残酷な鎮圧策を批判した女性記者アンナ・ポリトフスカヤは二〇〇六年に暗殺され、イギリスに逃れていた元KGBでFSB職員でもあったアレクサンドル・リトビネンコも、二〇〇六年一一月に、ポロニウム210を盛られ、毒殺された。リトビネンコはプーチンが一九九九年にモスクワで共同住宅の爆破事件を仕掛け、それをチェチェンの独立派の破壊工作だと宣伝したと告発したことで知られている。

大統領に再選、ユーラシア統合案を発表

二〇一一年九月の「統一ロシア」党大会では、プーチンが次期大統領選に出馬し、メド

ヴェージェフは首相となるという方針が提示され、承認された。これにより、メドヴェージェフの政治的生命は断たれたと言っていい。この段階でパヴロフスキーはプーチンと訣別する。

二〇一二年春、プーチンは選挙で大勝し、大統領に返り咲いた。そしてプーチンはかねてより計画していたユーラシア統合空間の創出に向かった。旧ソ連地域の再統合である。同年一〇月三日、プーチンは「新ユーラシア統合案」、単一経済空間案を発表した。ユーラシアを構成するのはロシアとベラルーシとカザフスタンである、という内容だった。すでにこの年の一月一日には、ユーラシア経済連合裁判所が活動を開始し、七月一日には域内関税が撤廃された。ロシア、カザフスタン、ベラルーシの三国は二〇一四年五月二八日には「ユーラシア経済連合」条約を調印し、「ヨーロッパとアジア太平洋地域とを結ぶ連結器の役割」を果たすことが宣言されたが、EUが一九九九年に通貨同盟に進み、二〇〇二年に完全に動き出したのに対比して、「ユーラシア連合」の弱体ぶりは否めなかった。ここでプーチンは改めて、「ウクライナを失ったことの大きさ」を意識したことだっただろう。

プーチンは歴史を調べる

プーチンは「強い国家ロシア」を目指す過程で、ロシアの歴史を調べた。ロシアは共産党のイデオロギー、マルクス＝レーニン主義を失っていたため、プーチンやその近しい人たちは、歴史を調べて、新しい国家イデオロギーをつくることを目指した。

彼らが歴史学に関心を寄せているということは、側近の一人であるセルゲイ・ナルイシキンがロシア歴史協会を設立し、その会長を務めていることにもよくあらわれている。二〇一七年、ロシア革命一〇〇周年記念の国際シンポジウムのスポンサーになったのはナルイシキンのロシア歴史協会であった。このシンポジウムには私も招待され、私の講演はナルイシキンの団体のホームページに掲載された。

プーチンは、ロシアの歴史に並々ならぬ関心を持つだけでなく、自ら論文もいくつか書いている。プーチンに近い保守民族派の作家、ザハール・プリレーピンとともに「Za Pravdu」党をつくったアレクサンドル・カザコフは、著書『ウラジーミル・プーチンの大戦略』（東京堂出版、二〇二一年、佐藤優監訳、原口房枝訳）の中で、プーチンが最も注目しているのは、ロシア帝国政府の首相ストルイピンと合法マルクス主義者から戦闘的リベラル、そして「偉大なロシア」主義者となるピョートル・ストルーヴェだとしている。つまり、プーチンは国権的改革主義の立場をとっているのだ。またプーチンはイワン・イリイン（一八八三〜一九五四）を愛読していて、イリインによる文章を演説でよく引用しているが、それはイリインのナチズムへの帰依とは無関係である。

プーチンの歴史志向は、彼がウラジーミル・メジンスキーを二〇一二年から文化相に任命し、二〇二〇年に大統領補佐官に任命したところからもうかがえる。この人物は、一九七〇年、ウクライナのスメラ生まれで、外交官を養成するモスクワ国立国際関係大学を出た後、モスクワ大学歴史学部でも学び、二〇〇〇年に歴史学博士学位を取得した。歴史家となってから、政治の世界に入り、プーチンの党、「統一ロシア」の首都組織を指導して、二〇〇三年に議員となった。この間に多くの歴史本を書き、二〇一二年ロシア軍事史協会を設立し、後に会長に就任している。プーチンはこのメジンスキーを、このたびのウクライナ戦争における停戦協議のロシア代表団の責任者に任命した。

ウクライナ問題の「原点」

プーチンはなぜウクライナ戦争を始めたのか。その原点とも言えるのが二〇一四年に起きた出来事だ。

先ほども述べたが、二〇一四年、ユーラシア経済連合がスタートした。だが実際は、発足後にアルメニアとキルギスを加えて五ヵ国という数は揃えたものの、当初標榜していたEUに比肩するような規模と内容にはならなかった。そこでプーチンはウクライナを喪失したこと（ウクライナを連合に取りこめなかったこと）を改めて強く後悔した。

同年二月、ウクライナの首都、キーウでマイダン革命なる暴動が発生し、親ロ派のヴィクトル・ヤヌケヴィチ大統領がロシアに逃亡した。ウクライナの混乱状態の中で、プーチンは三月、クリミアの併合に進んだ。この結果、プーチンはEU、NATO、G7と衝突し、経済制裁を受けることになった。しかし、ロシアがクリミア半島を取り戻したことによって、国内ではプーチンの支持率は八〇%を超えるに至った。イレデンティスモ（国土回復主義）が今や永久政権を目指すプーチン政権の政策の柱となったのである。

国内反対勢力への弾圧は続いた。二〇一五年の元首相ネムツォーフの首都中心部での暗殺は驚くべき事件であった。アレクセイ・ナヴァリヌイというブロガーでもある市民運動家がSNSで支持を広げるという新たな手法で、二〇一〇年ぐらいから粘り強く運動を展開して来たが、二〇二〇年八月、飛行機の機内で毒物を盛られて、殺害されかけるという事態が生じた。ドイツで治療を受け、回復したが、ロシアに戻って、裁判の判決が確定して、収監された。二〇二二年には、スターリンの「大テロル」の犠牲者の調査を進めてきた代表的な人権団体「メモリアル」に対して「外国エイジェント法」に基づき、解散命令が裁判所で出されるような事態となった。「メモリアル」の中心人物、アルセーニー・ロギンスキーは二〇一七年一二月にこの世を去った。彼も私の古い友人だった。

ロシア史は、「強力な権力がロシアを救う」という原理と「ロシアは解放されなければならない」という原理の相克の中で揺れ動いて来た。私の友人で、元異論派のロギンスキーとパヴロフスキーの対照的な生き方の中にこの二つの原理が認められる。これらの二つの原理がロシア史を貫いているのである。

この中でプーチンは文字通り「強いロシア」、「強い国家」の旗印を掲げて、ペレストロイカ後の社会的混乱を克服しようとしたことは間違いない。しかし、その彼が自らの権力を永続化しようとするなら、その圧迫、束縛からの解放を求めて、ロシアの精神が動き出す。それがロシアの歴史の道筋である。その歴史の交差点にウクライナ戦争が起こっているのである。

第3章　ロシアとウクライナは一つの国だった

「キエフ・ルーシ」から始まった

ウクライナ戦争はロシアが隣国ウクライナに大軍をもって攻め込んだ侵略戦争であることに間違いない。しかし、歴史的経過からすると、この二国は三五〇年近く一つの国であって、わずか三〇年前に分かれた国同士なのである。だからこのたびの戦争は、ロシアからウクライナが分離独立することを巡るロシアの内戦だとみることもできる。約一〇年前にロシアはクリミア半島を取り戻す行動に出た。今回はその続きの戦争である。

プーチンはクリミア半島とウクライナにこだわっていて、ロシアとウクライナが元々は同じ国であったという考えを持っている。二〇二一年七月一二日には論文を発表している。その論文の題はまさしく「ロシア人とウクライナ人との歴史的同一性について」というものであった。正直言って、その論文の評判は芳しいものではなく、ロシア人が勉強して書いたごく常識的なリポートであった。私はその内容をそれほど大国主義的だとも、帝国主義的だとも思わなかった。

私はウクライナ語を学んだことがなく、ウクライナ語を知らないのだが、ただ一つ気づいたことがある。ロシア語では、「国家」を「gosudarstvo」と言うのに、ウクライナ語では、「derzhava」と言うのである。ロシア語の「gosudarstvo」は、「主君」を意味する

「gosudar'」から生まれた言葉で、「estate」「état」「Stand」など身分を指す言葉から国家を指す言葉が生まれている英仏独の西欧語とは著しく異なっている。一方、ウクライナ語の「derzhava」は、「保つ、支える、抱きしめる」などを表す動詞から成り立っている。ロシア語でも、この言葉は使われており、「大国」、「強国」などを意味する。ウクライナ語にロシア語の「gosudarstvo」が入らなかったのは、ウクライナ人が歴史を通じて、権力者が統治する国家を持たない民であったこと、いつか国家を持ちたいと願っていたことと無関係ではないと思われる。ロシア語とウクライナ語はたしかに違うのである。

ロシアという国の起こりは「キエフ・ルーシ」からだというのが定説である。この言葉は後代の学術用語なのだが、九世紀にキエフという都にルーシと呼ばれる国ができたというのは動かないところだ。その国は、東スラブ人の世界で、基本的には森と草原の境に住んでいる農民の世界である。キエフの修道院の中で一二世紀に書かれた『原初年代記』(『過ぎし年月の物語』)によれば、八六二年にこの地の人々は、北方のヴァリャーグ、ノルマン人(「ルーシ」と呼ばれていた)に使者を派遣し、「統治者として来てほしい」と招いた。その使者は、「われらの国は大きくて豊かだ。しかし、秩序がない。来たりて公として君臨し、われらを統治せよ」と言ったとされている。そこでヴァリャーグの世界からやって来たのがリューリクという人物で、彼がリューリク朝を開き、彼の息子イーゴリがキエフに来て八六二年に統治を開始したというのである。こうして「キエフ・ルーシ」が始まった。

そのイーゴリの孫、ウラジーミル大公が九八八年ビザンティン帝国からギリシア正教を採り入れ、九八九年に国教とした。その当時、「キエフ・ルーシ」に住む人々は、伝統的な自然神崇拝に近いレベルの信仰しか持っておらず、『原初年代記』によれば、彼らはユダヤ教、イスラム教、ギリシア正教、カトリックなどを調べ、その上で、ギリシア正教を選んだという。ギリシア正教を選んだのは、儀式が一番美しいからだとも記されている。教会に入ると、自分たちが天国にいるのか、地上にいるのかさえもわからないほど、美しい儀式であり、美しい世界であった。それで「ギリシア正教がいい」ということになったらしい。

その前からこの地には「キリル文字」というスラブの文字が入っていた。ブルガリア方面で成立した文字である。要するに、支配者がいて、宗教があって、文字があるということで、ここに一つの世界ができた。これがロシアの原型であるといわれている。

「ルーシ」というのは、その地にやってきたノルマン人の呼び名であった。それがこの地の国名になり、そこから「ルースキー」、「ルーシの人」がロシア人を意味する言葉となったのである。

では、その世界で「キエフ」はどういう存在になるのか。今日、「キエフ」はウクライナの首都なので、ウクライナ風に「キーウ」と呼ぶように求められている。実際の戦争と同じように、ウクライナの「キーウ」とロシアの「キエフ」がいま激しく争っている最中でもある。ご承知のとおり、エルサレムという場所はユダヤ教にとっての聖地であり、そこから現れたキリスト教にとっても聖地であり、後にそこを支配したイスラム教徒にとっても聖地なのである。それでエルサレムをめぐる深刻な争いがあの地域で繰り広げられている。イスラエルとパレスチナの間に、ほとんど非和解的な、妥協できない争いが続いている根本の原因はここにある。そのようなエルサレムと似た存在が「キエフ」なのだ。ロシアにとっての「キエフ」は、国の起源の「聖地」であるが、ウクライナ人の国にとって、キーウは「首都」である。ここに非和解的な対立の根があると言ってよい。したがって、ロシア人とウクライナ人は、和解しながら生きなければ大変な精神的苦痛を味わうことになってしまうのである。

ギリシア正教を国教として、キエフ・ルーシの骨格をつくったウラジーミル大公は非常に精力絶倫の人で、息子が一一人もいた。その息子たちが各地に派遣されると、分国ができることになった。北にはノヴゴロド、スモレンスク、北東にはウラジーミル、南西にはガーリチ、南東にはペレヤスラヴリといったところに分国が成立したのである。やがて、それらの分国同士は争うようになり、キエフ・ルーシは分裂していった。その中で、モスクワという都市が生まれ、『原初年代記』の一一四七年のところに、はじめて記述が現れる。そのモスクワ大公国の力は急成長した。他方でキエフの大公の力は一二世紀になると、すっかり小さくなってしまい、一三世紀になると、東から侵入してきたモンゴル軍によって、完全に滅ぼされてしまうのである。

「ヨーロッパ・ロシア」と「アジア・ロシア」、拡大したロシア

モスクワ大公国は、ヴォルガ川の下流域にキプチャク・ハン国を建てたモンゴル勢力に臣従した。モンゴルの支配は一四八〇年まで二〇〇年以上続き、その間にモスクワ大公国は力を蓄え、支配地を拡大していった。

モスクワ大公国は、モスクワを中心にして膨張し、タタールの世界にぶつかった。そのときまでヴォルガ川はタタールの川であり、アジア人の川だった。ロシアから見ると、西には西欧世界があり、東にはモンゴル帝国がある。モンゴル帝国と西欧の間にロシアが挟まっているという状況であった。やがて、ヴォルガの下流域にできたモンゴル帝国の分国、キプチャク・ハン国はしばしば内紛を起こし、分裂した。一五世紀には上流にカザン・ハン国、川口にはアストラハン・ハン国ができた。

そのカザン・ハン国を一五五二年に征服し、タタールの力を最終的に除去したのが、モ

スクワ大公国のツァーリ、イヴァン雷帝（一五三〇～八四）である。現在、モスクワの赤の広場の一角にヴァシーリー・ブラジョンヌイ聖堂が建っているが、これがイヴァン雷帝のカザン戦勝記念に建てられたものである。カザン・ハン国を打ち破って、東方への門を開けると同時に、ヴォルガ川を南下する南方進出の道をひらいたのである。一五五六年イヴァンの軍はアストラハン・ハン国も征服し、あっという間にヴォルガ川を完全ににぎったのである。

イヴァン雷帝のカザン戦勝記念に建てられたヴァシーリー・ブラジョンヌイ聖堂。

有名なロシア民謡、「ステンカ・ラージンの歌」では、「ヴォルガよ、ヴォルガ、生みの母よ、ヴォルガ、ロシアの川よ（ルースカヤ・レカー）」と歌われているが、そのように変わるのはこのとき以降のことなのである。

しかし、イヴァン雷帝が死ぬと、モスクワ大公国は危機的な状況に陥り、一七世紀初頭には「スムータ（動乱）」と呼ばれる大混乱が起こり、偽皇太子の軍勢がポーランド王に助けられ、モスクワに入城するという有様であった。ようやくミハイル・ロマノフを新しいツァーリに選んで、ロシアが危機を脱したのは一六一三年のことであった。

ロシアの新たな国土拡大の最初の成果がドニエプル川左岸ウクライナの併合であった。ロシアの南側はポーランド＝リトアニアの支配するウクライナであった。そこの実質的な主人はザポロージエを本営とする自治するカザーク（コサック）たちであった。一六四八年彼らの自治が否定されたことに反発して、カザークのアタマン、ボグダン・フメリニツキーがポーランドに反旗をひるがえした。瞬く間に全ウクライナの独立戦争となったが、ポーランド軍も強く、一六五一年にはカザークたちは敗北した。そこでフメリニツキーはモスクワに援助を求め、ロマノフ朝第二代のツァーリ、アレクセイ・ミハイロヴィチはウクライナのカザークを保護下に置くことを決定した。一六五四年、ウクライナ・カザークはモスクワと臣従協定を結び、以後ウクライナ問題はモスクワとポーランドの戦争で争われることになった。一六六七年モスクワとポーランドはアンドルソヴォで休戦条約を結び、ついに、キエフとドニエプル川左岸のウクライナはロシア領となり、右岸はポーランド領となったのである。

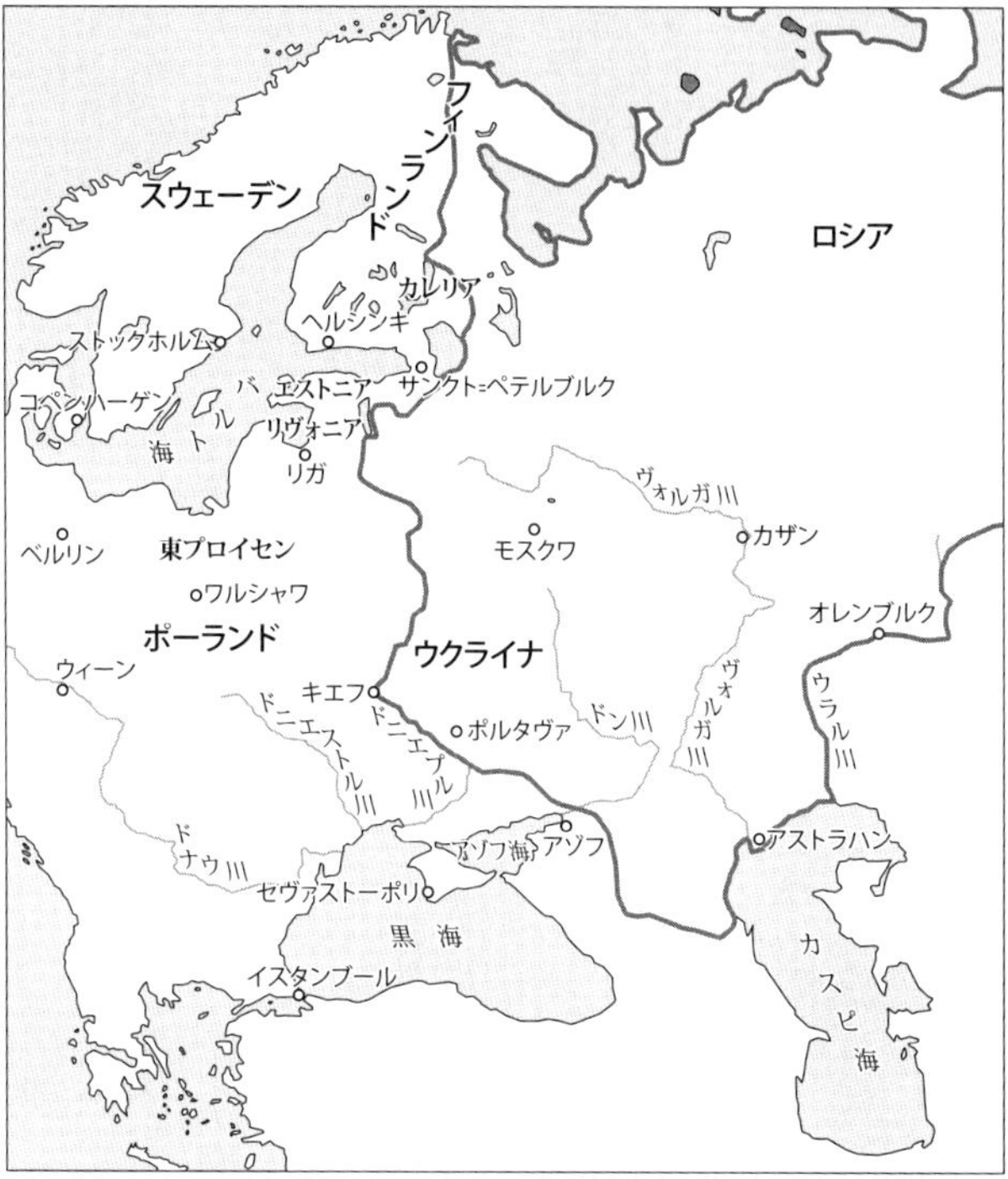

ピョートル1世即位時のロシアとその周辺国
※太線内がロシアの領土

このアレクセイ・ミハイロヴィチの息子がピョートル一世（一六七二〜一七二五）である。ピョートルはドン河口のトルコの要塞アゾフを攻め、一六九六年に攻略した。しかし、そこから西はオスマン帝国の領土であった。クリミア半島はクリミア・ハン国の領土であった。そこをロシア領にする仕事は一八世紀のエカチェリーナ女帝（一七二九〜九六）の仕事であった。

まずクリミア・ハン国は一七八三年にポチョムキンの率いるロシア軍に滅ぼされ、半島がロシアに併合され、タヴリーダ県が置かれた。軍港セヴァストーポリはその年に建設が始まり、黒海艦隊の母港となった。クリミア半島の上に位置する大陸の最南部分もエカチェリーナがトルコから奪い取っていき、ついにトルコの最西端の要塞ハジベイが一七八九年に陥落し、一七九二年の条約でロシア領となった。ここに港を開くことが女帝に提案され、一七九五年オデッサという港市を開くことが決まった。一八〇三年、アレクサンドル一世はフランス人亡命貴族リシュリューをオデッサ総督に任命し、西欧的な人工都市、第二のペテルブルクの建設を開始させた。首都ペテルブルクがヨーロッパへの窓であったとすれば、オデッサは黒海への窓であった。オデッサの人口はロシア人、ユダヤ人、外国人の流入で急速に増大した。オデッサからアゾフの間の新領土は「新ロシア」と名付けられた。

さらにエカチェリーナ女帝は、カルパト地方とポーランドの分割に乗りだし、ドイツ、オーストリア＝ハンガリーと交渉し、西部一帯で領土を拡大した。

こうして一八世紀末、ロシア帝国の領土は完成した。帝国はヨーロッパ・ロシアとアジア・ロシアの二つに分けられるほど広大な領土を誇った。ヨーロッパ・ロシアは、フィンランド自治大公国、ポーランド王国、ロシア四八県、ザカフカースから成り、アジア・ロシアは一八六〇年に沿海地方を獲得し、一八六七年にアラスカをアメリカに売却したことでまとまった。

ロシア文化と国土意識の醸成

ロシア帝国では、帝国を統合する装置として文化的なものが重視された。その一環として、帝国大学の創設が叫ばれるようになった。まず、一七五五年にモスクワ、一八〇三年にはヴィリノとユリエフ（デルプト）、一八〇四年にカザンとハリコフ、一八一九年にペテルブルク、一八三三年にキエフ、最後に一八六四年にオデッサ（大学名は新ロシア帝大）に帝国大学が創られた。

また、「文学」の領域でもそういう傾向が見られるようになった。ポルタヴァ出身のゴーゴリ（一八〇九～五二）はロシア語使いの作家として地位を獲得し、コストマーロフ（一八一七〜八五）はハリコフ帝大卒の歴史家で、ウクライナ民族主義団体に属していたが、その著作は多くロシア語で書かれた。詩人のタラス・シェフチェンコはウクライナの農奴の子でコストマーロフと同じ民族団体に属したが、終生ウクライナ語で作品を書き続けた稀有な存在であった。トゥーラ県出身のトルストイはカザン帝大を出て、セヴァストーポリ要塞の籠城戦を描いた処女作で作家デビューした。

一八五三年に始まったクリミア戦争は、農奴制の国ロシアと産業革命を経た英仏との戦争となり、セヴァストーポリ要塞は三四九日の籠城戦の末、陥落し、ロシアの敗戦が決まった。このセヴァストーポリ要塞陥落の物語はロシア人の歴史の記憶に深く刻まれている。この敗戦、降伏の衝撃のもと、新帝アレクサンドル二世は大改革時代を開き、一八六一年農奴制を廃止し、近代的社会改革を推進させ、鉄道建設と工業化に注力した。

この大改革時代期の一八六三年、ポーランドで反乱が起こった。政府は鎮圧に苦心し、その他の民族主義的抵抗の動きを弾圧した。内相ヴァルーエフが一八六三年にウクライナ語の出版を制限する措置をとった。

一八六一年、アレクサンドル二世は病む皇后のためにクリミア半島のリヴァジアに離宮の建設を始めた。二〇年間でヨーロッパ・ロシアの鉄道網は完成し、皇帝一家は北のバルト海沿岸の首都ペテルブルクから第二の首都モスクワを通り、ハリコフにくだり、さらに

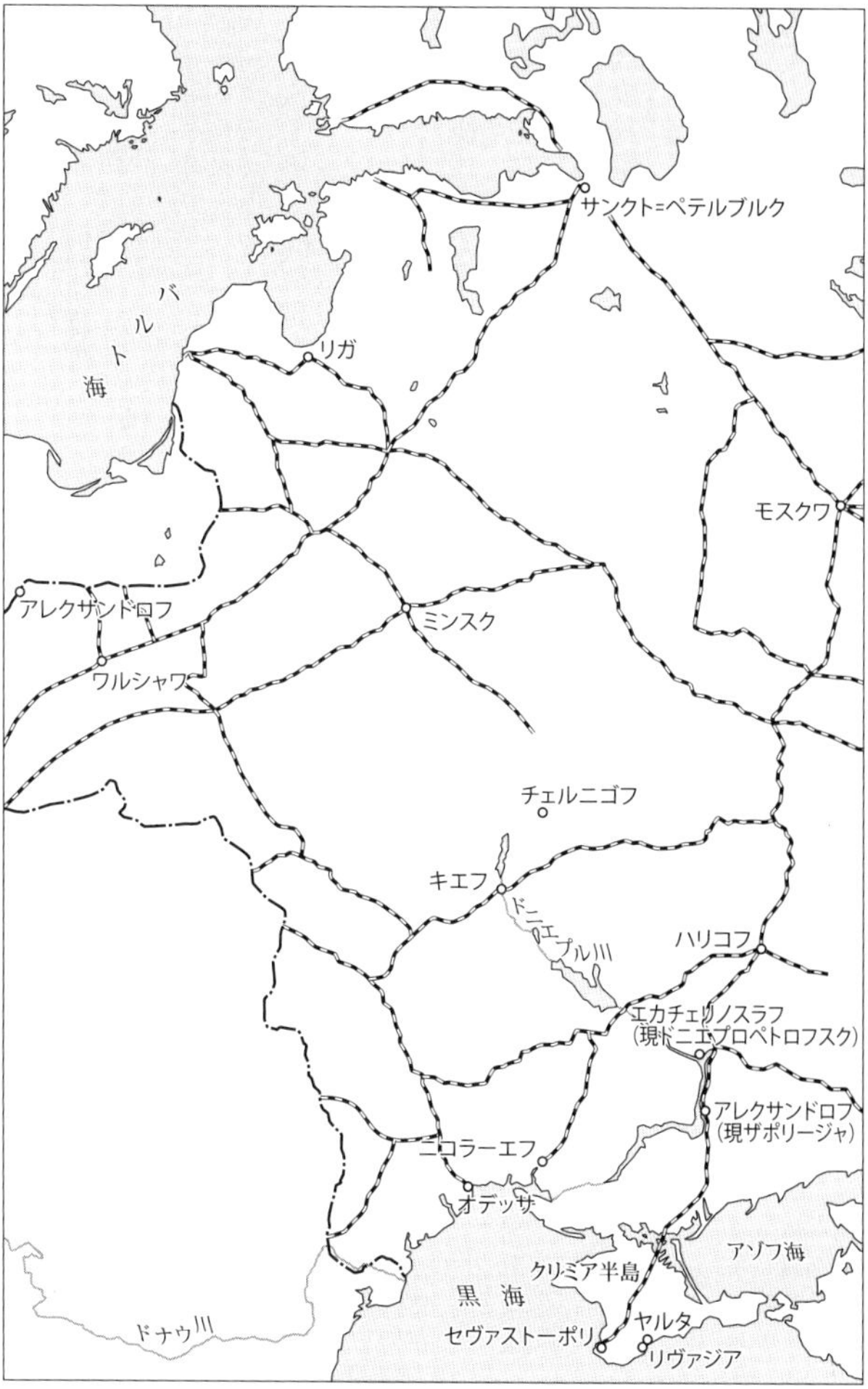

1880年代のヨーロッパ・ロシアの領域と皇帝列車の路線図

南へ、黒海沿岸のセヴァストーポリまで鉄道旅行をして、セヴァストーポリから海路クリミアのリヴァジア宮殿に赴いた。もう一つのコースはモスクワからキエフへ向かい、そこからオデッサに下って、海路リヴァジアへ向かうものである。

皇帝列車が通過する駅では地方官吏、名士が出迎えた。年中行事化した皇帝一家のお召列車の旅が国民の心の中にロシア人の国土意識、近代ロシアの国家空間意識を醸成した。一八八〇年には、この皇帝列車の通過点であるオデッサ近郊とアレクサンドロフ（現・ザポリージャ）で爆破テロが革命的ナロードニキのテロリストによって企てられたが、未遂に終わった。ところが、モスクワの手前で随員が乗った第二列車が爆破された事件が起こり、全国民を恐怖に陥れた。

こうしてウクライナを完全に包摂して「ロシア文化の意識」や「ロシアの国土意識」が確立した。

バルト海のほとりのサンクト＝ペテルブルクが首都であり、モスクワが第二の都市であって、南方の黒海のほとりのオデッサが第三の都市となった。一八九七年に行われた人口統計によれば、サンクト＝ペテルブルク一二六万人、モスクワ一〇四万人、オデッサ四〇万人、キエフ二四万七〇〇〇人、ハリコフ一七万人である。その他に、エカチェリノスラフ（一一万三〇〇〇人）、ニコラーエフ（九万二〇〇〇人）とウクライナの二都市が続いている。

オデッサの新ロシア帝大の卒業生には、財務大臣を務め、ロシア最初の首相となるヴィッテ（一八四九〜一九一五）がいる。ヴィッテの父はチフリス（トビリシ）生まれのオランダ人である。一八六六年に新ロシア帝大に入学し、卒業後は官営オデッサ鉄道に入り、のちにキエフに本社がある西南鉄道会社に移った。

世紀末のロシア文学の新しい旗手となったチェーホフ（一八六〇〜一九〇四）は、アゾフ海に面したタガンロークで生まれた。農奴から商人になった父の子であり、モスクワ大学を出た。晩年病気療養のため、クリミアのヤルタに住んで、名作『三人姉妹』、『桜の園』を書いた。トロツキー（一八七九〜一九四〇）は、新ロシアのユダヤ人農園主の子供、オデッサの実科学校を卒業し、革命運動に加わった。ポルタヴァ出身のウクライナ人コロレンコ（一八五三〜一九二一）は、ナロードニキ運動の周辺にいて作家となり、一〇月革命前後の時期に人権擁護の立場を貫き、レーニン政府と対峙した。

ロシアはヴィッテ大臣のもと、シベリア鉄道建設と工業化政策の推進に着手し、ドンバスでは石炭業と鉄鋼業が発展した。その起こりは、イギリス人ジョン・ヒューズが一八六九年に作った製鉄工場で、その一帯はユーゾフカと呼ばれる町となった。今日のドネツクである。工業地帯となったドンバスには多くのロシア人が出稼ぎにきた。ソ連のフルシチョフ（一八九四～一九七一）はドンバスの炭坑夫の子であった。多くの労働者が集まってきたことから、ドンバスはロシア労働運動の中心地となり、ボリシェヴィキ運動の拠点ともなった。一九一二年にはドンバスを地盤とするウクライナ人ボリシェヴィキ、グリゴリー・ペトロフスキー（一八七八～一九五八）が労働者区選出の国会議員となった。

ウクライナ人民共和国の創設

一九〇四年二月に日露戦争が始まった。ロシア陸軍は日本軍の攻撃を受け、旅順《りょじゅん》要塞が陥落、さらに満州の平原での数次の会戦に敗北した。翌年一九〇五年には、一月から首都で革命が始まった。五月に日本海海戦でバルト艦隊が壊滅するや、革命運動は高揚して、ついに一〇月には国会開設と市民的自由を認めるニコライ二世の詔書が発布された。ロシア帝国内の被抑圧民族のうちのフィンランド人、ポーランド人、ユダヤ人、グルジア人、アルメニア人が動き出し、独立ないし自治を求め始めた。しかし、このとき、ウクライナ人は目立った動きを示さなかった。

だが、一九一四年に始まった第一次世界戦争の中で一九一七年革命が起きると、ウクライナ人も穏健な社会主義者を中心にしてウクライナ中央ラーダ（評議会）を作り、ウクライナの自治を要求して、臨時政府と対立した。ところが、十月革命で首都にレーニンのボリシェヴィキ政権ができると、キエフの中央ラーダはこれと決定的に対立し、一一月七日にウクライナ人民共和国の創設を宣言するに至った。

レーニンのボリシェヴィキ政権はウクライナ人民共和国を認めず、武力で打倒しようとした。ウクライナ人民共和国側は一九一八年一月九日、ウクライナの独立を宣言したが、ボリシェヴィキ軍に敗北し、キエフを脱出した。ウクライナ人民共和国はブレスト＝リトフスクで二月九日ドイツと講和を締結し、ドイツ軍とともに、キエフに戻ったが、四月末にはパーヴェル・スコロパツキー（一八七三～一九四五）政権を擁立したドイツ軍に追い出された。以後、ウクライナは内戦にのみこまれる。内戦期にウクライナの地で活躍したのがエカチェリノスラフ県グリャイ・ポーレから興った農民アナーキスト、ネストル・マフノ（一八八八～一九三四）が率いた軍である。

内戦がボリシェヴィキ政権の勝利に終わった後、一九二二年一二月、ソ連邦がレーニン案で成立する。ロシア、ウクライナ、ベラルーシ、ザカフカースの四つの独立ソヴィエト共和国の対等同盟という形である。脱退は自由ということになっているが、各共和国の共産党はソ連共産党（ロシア共産党）の支部にすぎず、ソ連はソ連共産党によって統一的に動く国家であり、分裂はありえないのである。国家の境界は恣意的に引かれていた。

ウクライナ共和国は、ソ連邦構成共和国の中でロシア共和国に次ぐ大きな存在であった。

ロシア連邦共和国には政府はあったが、ロシア共産党はなく、外交は行わず、国連に参加していなかった。これに比べると、ウクライナは政府もあり、ウクライナ共産党もあり、国連にも参加していた。だが、このウクライナ最初の国家は「フィクション」にすぎなかった。

ウクライナ、ドンバスの炭坑夫の家から出たフルシチョフは、ユーゾフカの学校で学び、モスクワに派遣され、一九三四年にはモスクワ市共産党のナンバー2となった。一九三八年にウクライナ共産党の第一書記に送り込まれ、一九四七年にモスクワに呼び戻された。レオニード・ブレジネフ（一九〇六〜八二）は、ドンバスのカーメンスコエ出身の生粋のウクライナ・ロシア人で、地元で高等教育を受け、戦前ドニエプロペトロフスク州党のトップにまで上がった人だった。だがそれ以上はウクライナで出世せず、カザフスタン党第一書記を務めてからソ連の党のトップへ上がっていった。

ソ連時代にもウクライナは重工業と穀物生産を担っていた。悲劇は農業集団化の結果として一九三二年にウクライナでも深刻な飢饉が発生したことである。専門家は四〇〇から六〇〇万人の餓死者が出たと見積もっている（中井一夫『ウクライナ・ベラルーシ史』山川出版社、二〇二三年、一〇一頁）。一九四一年、ドイツの侵攻を受けて始まった独ソ戦争においては、ウクライナはドイツ軍によって全体的に占領された。ウクライナ人の中からドイツ軍の力を借りて、ソ連から独立しようと考える者が現れた。西ウクライナの民族主義者組織（OUN）、ステパン・バンデラ（一九〇九～五九）の率いる勢力である。だがバンデラの物語は忘れ去られることになった。ドイツ軍の占領地、ウクライナではロシア人もウクライナ人も一体となって、抵抗運動を行い、スターリングラードに追い詰められたソ連軍が反攻するのを助けた。ルガンスク、クラスノドンの地で戦われた「若き親衛隊」のレジスタンスは、とりわけ英雄的な闘いとしてソ連国民の記憶の中に残っている。占領下では、ユダヤ人の虐殺がキエフの市内バービー・ヤールで行われた。クリミア半島では現地のクリミア・タタール人の一部がドイツ軍に協力する動きを示したとされ、クリミア・タタール人全員が一九四四年五月、中央アジアに強制移住させられた。

一九四五年二月には第二次世界戦争の戦後処理を話し合うために、アメリカのローズヴェルト大統領とイギリスのチャーチル首相、そしてソ連のスターリン首相が参加する首脳会談がクリミア半島南端部に位置するヤルタのリヴァジア宮殿で行われた。それはソ連がまさに世界の運命を決めるところに上り詰めた瞬間でもあり、この会談のことも、今もなおロシア人の意識の中に記憶として深く刻まれている。

ウクライナの独立とソ連の崩壊

戦後のソ連では世界的なピアニスト、ヴァイオリニストが多く現れたが、ダヴィッド・オイストラフ、レオニード・コーガン、エミール・ギレリスらは皆、ウクライナのユダヤ人であった。またすぐれた映画作品も世界に紹介された。それらの作品で主役を演じたセルゲイ・ボンダルチュクはウクライナ人であった。

一九五四年五月二四日、ソ連政府はウクライナとロシアの再統合三〇〇年の記念行事を行った。ソ連共産党第一書記になったフルシチョフは、クリミア半島をロシア共和国の領域から外し、ウクライナ共和国に帰属替えするとの布告を同年二月一九日の最高会議幹部会で決定した。形の上での見栄えのよさのために行った変更であった。

一九八五年、ゴルバチョフがソ連共産党書記長に就任し、一九八七年からペレストロイカ革命を開始した。一九九一年八月一九日、ソ連政府内の反動派がクーデターを起こし、ゴルバチョフは黒海沿岸フォロスで幽閉された。二日後、八月二一日には、ロシア市民による革命が起こり、エリツィンとアナトリー・ソプチャクが両首都で勝利した。幽閉を解かれたゴルバチョフは帰京したが、二三日にはエリツィンによりソ連共産党は活動停止命令を受ける。ここで八月二四日にウクライナ最高会議は独立宣言を決議した。ウクライナ史の専門家中井和夫氏の著書によると、このウクライナ独立宣言に対しては、エリツィンら、ロシア民主派の指導者も等しく批判の態度を表明した。連邦にとどまるべきだとし、分離独立する場合はドンバスとクリミアの名をあげて、国境見直し論を提起したのである（『ウクライナ・ナショナリズム　独立のディレンマ』東京大学出版会、一九九八年、一七九頁）。

ゴルバチョフは連邦を改革して生き延びさせせんとしたが、成功せず、エリツィンは一二月八日、ウクライナ、ベラルーシ首脳レオニード・クラフチュク、シュシュケーヴィチとともにベロヴェーシ会議を開き、ソ連終結宣言を発するに至った。一二月二五日、ゴルバチョフは、ソ連大統領を辞任し、ソ連邦は存続を停止した。

〝協議なき離婚〟をしたロシアとウクライナ

ソ連が解体され、一五の共和国がロシアと別れ、独立した。中でもロシアにとって最大の打撃は、ウクライナの独立であった。旧ロシア帝国の四九県から成っていたヨーロッパ・ロシアの面積は、四八二万二八〇〇平方キロメートルにおよび、バルト三国の面積一七万四四〇〇平方キロメートルを引くと、四六四万八四〇〇平方キロメートルとなるが、ここからウクライナ共和国の面積、六〇万三七〇〇平方キロメートル分の面積が失われると、ソ連時代の面積の一三%を喪失するということになる。

そして人口面でもみてみると、一九一四年一月一日時点のヨーロッパ・ロシア四九県の人口は、一億二一七八万人であり、バルト三国の人口三〇万人を引くと、一億二一四八万人、ここからウクライナ三地方九県の人口三六五二万人が減るとなると、三〇％の喪失ということになる。それ以上に、ウクライナの独立によって近代に形成されたロシア国民としての国土意識が致命的な傷を負ったのである。ウクライナ専門家中井和夫氏はウクライナの独立の衝撃について次のように言い切っている。

「つまりウクライナなくしてロシアは成立しなかったのである。ロシアにとってウクライナは血のつながった弟以上のものであり、ロシアそのものの一部を構成していたのである。したがってこれが切り離されるということにロシアは文字通り身を引き裂かれるようなアイデンティティの危機を感じたのである。」（中井和夫、前掲書、一七六頁）

ソ連はその構造上、主権国家である各ソヴィエト社会主義共和国による脱退が自由な同盟であったが、各共和国を指導する共産党は、ソ連共産党の支部であるため、同盟から脱退する共和国は現れないはずであった。しかし、ソ連共産党の指導力が失われたため、ソ連の構成共和国は速やかにかつ、自由に独立、脱退することができるようになったのである。連邦を維持するモスクワの統制力が解体すれば、連邦の解体はいかなる協議もないままに進んだのである。

こうした状況を、プーチンは自身の論文の中で、「われわれの国家原理の基礎にもっとも恐ろしい『遅効性の地雷』が仕掛けられていたのだ。ソ連共産党の指導的役割という保険予防メカニズムが消えたとたん、その地雷が爆発したのだ」と述べており、論理の説明としては正確だといわざるをえない。しかし、この〝協議なき離婚〟が残した問題は大きく、ウクライナ問題となった。ここにウクライナ戦争の原因があると考えられる。

ロシアと西欧から介入されるウクライナ

いかなる協議もなく、ウクライナの独立が実現したとして、隣国同士外交交渉が必要になるのは当然だった。ウクライナが独立する前の一九九〇年一一月一九日、ソ連参加のロシア共和国とウクライナ共和国は両国の国境線の不変を謳った二国間条約を結んでいた。しかし、ウクライナの独立によって、万事が一変した。新しい交渉が必要になった。第一の問題は、旧ソ連が所有していた核兵器の一部がウクライナ領内にあるのをどう処理するかであった。これは同じような立場にあるベラルーシ、カザフスタンも加わって交渉が行われ、最終的には一九九四年一二月五日のブダペストでのOSCE（欧州安全保障協力機構）の会議において核保有国のアメリカ、イギリス、ロシア三国が覚書（ブダペスト覚書）に署名することで解決された。ウクライナなど三ヵ国は核不拡散条約に参加し、保有している核兵器をロシアに引き渡す、核を保有する三ヵ国がこの三国の安全を保障するという覚書である。ウクライナの核兵器は一九九六年までにすべてロシアに送られた。

第二の問題は、セヴァストーポリを本拠とする黒海艦隊分割問題であった。この件では何度も協議が行われたが、合意には至らなかった。一九九七年、レオニード・クチマ大統領のもとでロシア＝ウクライナ友好協力条約が結ばれ、黒海艦隊の分割とセヴァストーポリのロシア租借（二〇一七年まで）が合意された。ロシアはウクライナに租借料を払うことになったが、その額はウクライナがロシアへ払うガス料金未納分を考慮して決められることになった。ともあれ、これによってロシアとウクライナの国境も最終的に確定したことになった。

そうなってもクリミア問題は残り続けた。一九八九年の段階でクリミアの人口の六七％はロシア人であった。ロシアの議会は一九九三年にフルシチョフが行ったクリミアの移譲は無効であるとする決議を採択し、クリミアはロシアの一部であると宣言した。これに呼応して、ロシア人が多数を占めるクリミア議会もウクライナからの分離、ロシアへの帰属替えを要求した。ここで中井一夫氏は敢えて次のように言っている。

「しかしウクライナにとってはクリミアの分離は認められないものだった。それはクリミアの分離がウクライナの国としての統合を危うくするものであるからである。」

（中井和夫、前掲書、二一〇頁）。

ウクライナの独立によって、ロシアとウクライナは和解不能な対立状態に陥ったのである。その対立を軍事力によって、戦争によって解決するのは言語道断である。しかし、対立は現実に起こったのであった。

他方で独立後のウクライナが東西で異なった歴史と文化を持つ地域に分岐していたことも明らかであった。独立国ウクライナは国民の統合を作り出すことも困難であった。政治はロシア志向と西欧志向によって引き裂かれ、ロシアからの介入と西欧からの介入によっていっそう混乱の度をふかめていったのである。

第4章　即時停戦と三国仲裁を求める声明

キエフに進撃するロシア軍

ロシア軍は主力の戦車部隊をウクライナの首都・キーウに向けて進撃させた。ウクライナは女性と子供を数百万人の規模で国外に疎開させた。その一方で、男性の出国を禁止して、戦争に動員した。ウクライナ軍はアメリカから提供されたスカッド・ミサイルと携行型対戦車ミサイル「ジャベリン」を効果的に使い、ロシア軍の進撃にブレーキをかけることに成功した。それに対し、ロシア軍はキエフへの進撃の手を一向に緩めなかった。

どちらとも引かず、という戦況に陥ったが、両国代表の協議は継続されていた。こうした状況をみて、なんとしてもこの戦争を止めなければならないという気持ちは日に日に私の中で高まっていった。

憂慮する日本の歴史家たちの声明

二〇二二年三月一五日、私はロシア史を研究する友人たちに呼び掛けて、「ロシアのウクライナ侵攻を一日でも早く止めるために日本は何をなすべきか　ロシア＝ポーランド史家は訴える」と題したオンライン会議を開催した。私は古い友人たちにこの会議で発言してくれないかと頼んだ。大阪日ロ協会理事長の藤本和貴夫（大阪経済法科大学元学長）、ウクライナのネットテレビを毎日見て情報を集めているポーランド史家の伊東孝之（北海道大学名誉教授）、『国家の解体――ペレストロイカとソ連の最期』という重厚な三巻本を書いた塩川伸明（東京大学名誉教授）、シベリア抑留と日ソ戦争の専門家の富田武（成蹊大学名誉教授）、ウクライナ現代政治の第一の専門家松里公孝（東京大学大学院法学政治学研究科教授）の各氏らだ。松里氏はオセチアに行く、可能ならそこから参加すると言ってくれたが、実際には叶わなかった。国連の平和構築活動の面で功績をあげた明石康氏も参加してくださった。また、ロシアの関係者だけではなく、現代中国の専門家毛里和子氏（早稲田大学名誉教授）も参加してくれた。

オンライン会議後、一四人の研究者による話し合いが行われ、私が起草した声明「憂慮する日本の歴史家の訴え――ウクライナ戦争を一日でも早く止めるために日本政府は何をなすべきか」を連名で発表することが決まった。その声明は次のようなものである。

「ロシア軍の侵攻によりウクライナ戦争がはじまってから３週間がすぎた。ロシア軍はキエフを包囲し、総攻撃を加えようとしている。このような戦争が継続することはウクライナ人、ロシア人の生命をうばい、ウクライナ、ロシアの将来にとりかえしのつかない打撃をあたえることになる。それだけではない。ウクライナ戦争の継続はヨーロッパの危機、世界の危機を決定的に深めるであろう。

だから、われわれはこの戦争をただちに終わらせなければならないと考える。ロシア軍とウクライナ軍は現在地で戦闘行動を停止し、正式に停戦会談を開始しなければならない。戦闘停止を両軍に呼びかけ、停戦交渉を仲介するのは、ロシアのアジア側の隣国、日本、中国、インドがのぞましい。

日本はアメリカの同盟国で、国連総会決議に賛成し、ロシアに対する制裁をおこなっている。しかし、日本は過去一三〇年間にロシアと四回も深刻な戦争をおこなった国である。最後の戦争では、米英中、ロシアから突き付けられたポツダム宣言を受諾して、降伏し、軍隊を解散し、戦争を放棄した国となった。ロシアに領土の一部をうばわれ、一九五六年以降、ながく四つの島を返してほしいと交渉してきたが、なお日露平和条約を結ぶにいたっていない。だから日本はこのたびの戦争に仲裁者として介入するのにふさわしい存在である。

中国はロシアとの国境画定交渉を成功させ、ロシアとの安定的な隣国関係を維持しており、国連総会決議には棄権した。ロシアに対する制裁には反対している。インドは伝統的にこの地域に起こった戦争に対して停戦を提案し、外交的に介入してきた。インドとロシアの関係は安定しており、国連総会決議には棄権している。

だから、日本が中国、インドに提案して、ロシアの東と南の隣国として、この度の戦争を一日も早く終わらせるために、三国が協力して、即時停戦をよびかけ、停戦交渉を助け、すみやかに合意にいたるよう仲裁の労をとることができるはずだ。

われわれは日本、中国、インド三国の政府にウクライナ戦争の公正な仲裁者となるように要請する。

ロシア軍とウクライナ軍は即時停戦し、停戦交渉を正式にはじめよ。

ロシア軍はロシアにとっても信仰上の聖地であるキエフへの総攻撃をやめなければならない。

最後に訴えたい。ウクライナ戦争をとめるには、すべての者がなしうるあらゆる努力をつくさなければならない。傍観者にとどまってはならないのだ。」

この声明に署名したのは、伊東孝之、加納格（法政大学元教授）、塩川伸明、富田武、藤本和貴夫、加藤史朗（愛知県立大学名誉教授）、梶浦篤（電気通信大学教授）、豊川浩一（明治大学教授）、長與進（早稲田大学名誉教授）、西成彦（立命館大学名誉教授）、羽場久美子（青山学院大学名誉教授）、毛里和子、吉田浩（岡山大学准教授）の各氏、そして私、計一四名で、私たちは「憂慮する日本の歴史家の会」と名乗ることを決めた。

この声明は、即時停戦を呼び掛けるだけでなく、日本と中国、インドの三国が停戦仲裁のために動けと要求している。日本政府に仲裁をせよと要求しても無駄だという意見も出たが、日本人の歴史家が声明を出す以上、日本政府に要求するは当然のことだと考えた。日本政府はG7の一員として、すでにロシア非難の国連総会決議にも賛成し、ロシアへの制裁措置もとっており、ウクライナへも支援物資を送っている。そのようなウクライナ寄りの国が停戦の仲裁に入っているのがむしろ効果的なのではないかと思われたからだった。

声明が「日本はロシアと四回戦争をした」と言っているが、これは、一九〇四〜〇五年の日露戦争、一九一八〜二二年のシベリア戦争（シベリア出兵）、一九三九年のノモンハン事件、一九四五年の日ソ戦争のことを指している。さらに領土交渉について言えば、日本はロシアがNATOの東方拡大に恐怖を感じていることに同情して、日露関係改善を目指すという意図をもって、交渉を進めていたという事実もある。安倍元首相もプーチンとあれほど多く会談を重ねてきたのだから、モスクワに駆けつけて、停戦を促すくらいのことをすべきだと私たちは考えていた。

中国とインドに対して仲裁を要請したのは、そこにこそ、私たちの願いが向けられていたからである。往年のバンドン会議（アジア・アフリカ会議）、一九五四年に周恩来とネルーとの間で交わされた「平和五原則」のことを思い出していた。たとえ中国・インド両国の関係がカシミール問題で緊張をはらんでいるにしても、そうであればあるだけ停戦仲裁で協力することは今後の世界の運命を左右するこの二大国にとって意義深いと考えていた。そしてアメリカがこの両国の関係を割ろうとしているのであるから、なおさらである。

「憂慮する日本の歴史家の会」はホームページをつくり、そこに声明を発表するとともに、署名を集めることになった。以前からの運動の仲間である鈴木国夫氏、平山茂氏が助けてくれた。さらに声明の英訳を翻訳会社に依頼し、ロシア語訳を知人のロシア人に頼んだ。

外務省とロシア大使館、中国大使館への働きかけ

この声明を外務省とロシア大使館、中国大使館に差し出すために、署名者の富田武氏が外務省の宇山秀樹欧州局長に電話をかけてくれ、ロシア課長が会ってくれることになった。そこで私は翌日には富田氏、羽場久美子氏とともに三人で外務省を訪問した。

山田欣幸ロシア課長とは初対面であった。山田課長は私たちの説明を黙って聞いてくれた。私が話し終わると、「どうして中国に仲裁を求めるのか」と質問された。私は「トルコがすでに仲裁の行動をしているが、まだ結果が出ていない。そこでロシアの東と南に位置する隣国も行動して、停戦に貢献すべきだ。中国とインドは、両国の関係がよくないが、一緒に停戦の仲裁をすることで、両国の関係にも意義があるのではないか」と述べた。山

田氏は宇山局長に報告すると言ってくれた。私たちは省内の記者クラブに立ち寄った後、外務省を後にした。

三月一七日、私はロシア大使館に電話して、大使に面会し、声明を渡したいと申し入れた。翌日、大使の秘書官から、面会前に声明を見せてほしいと求められたため、用意していた声明のロシア語版を送った。翌日、「ガルージン大使が会う。二四日に来館してほしい。一時間ほど面会する」との連絡が入った。

三月二〇日頃、時事通信の記者から電話が掛かってきた。停戦へ向けた声明を出した後の初めての反応であったので、喜んで、次のようなことを記者に話した。


「ロシアとウクライナは単なる隣国でなく、三五〇年以上同じ国だった。隣国は引っ越しできず、平和共存すべきだ。ソ連崩壊時、民族や領土など調整すべき問題はあった。ロシアのクリミア半島併合にウクライナが反発し、ウクライナの北大西洋条約機構（NATO）加盟論をロシアが嫌う中で戦争が起きた。

侵攻は理不尽なことで、許されないのは確かだ。だが、米国は事前に侵攻を警告しながら、やめさせる努力をせず、ウクライナを応援した。欧米は参戦の一歩手前まで進んでいる。ロシアは要衝マリウポリを攻撃し、圧力をかけて戦争の出口を求めているようだ。

勝利へと燃えるウクライナは、欧米を正義、ロシアを不正義と位置付けるが、世界大戦に広げることは許されない。ロシアを打ち負かすことには途方もない時間と被害を伴う。ウクライナの抵抗は当然としても、国際社会は仲介国グループをつくり、即時停戦と交渉を迫る必要がある。

プーチン大統領は戦争責任を取らなければならないが、ロシアという国はなくならない。世界は一緒に生きていく必要がある。」

駐日ロシア大使との対話

三月二四日、私は藤本和貴夫、伊東孝之、加納格、富田武、羽場久美子の五氏とともにロシア大使館に向かった。大使館側は、大使の他に四名の参事官、書記官が出席した。大型のスクリーン二つを用意し、われわれに動画を見せながら、ガルージン大使が五〇分にわたって、ロシアの立場を説明した。大使が話し終わった後、五〇分ほど私たちの発言と大使の答弁が行われた。

ガルージン大使が真っ先に言ったことは、「ロシア軍の侵攻からウクライナ戦争が始まったというあなた方の声明の冒頭の言葉に異論がある」ということだった。大使によれば、戦争は二〇一四年のいわゆる「マイダン革命」からすでに始まっていたということだった。

駐日ロシア大使、ガルージン氏（左から３人目）と2022年３月24日に面会し、即時停戦、停戦会談の開始、三国による停戦の仲裁を強く求めた。

そしてドンバス地方では、マイダン革命以後ずっとロシア人がウクライナ人によって殺され続けていると大使は強調した。二〇一四年と言えば、その年の三月にロシアによるクリミア半島の併合がなされた年である。その間のロシアの抗議には西側はまったく耳を貸さなかったと大使は述べ、さらにNATOの東方拡大はロシアにとっての脅威だと強く非難した。

私はロシアにはロシアの言い分があるとしても、隣の国にあのような大軍で攻め込んだので、衝撃を受けた、と述べた。このようなことをしては、ロシア人とウクライナ人の平和的な協力関係は永遠に修復できないのではないか、と指摘した。これに対し大使は、「日本と米国は深刻な戦争をし、広島長崎に原爆も投下されたが、いま日米関係は親密になっているではないか」と反論し、ウクライナ人と敵対するつもりはないと言った。そこで、加納格氏が、今回のウクライナ戦争は「兄弟殺しの戦争ではないか」と言うと、さすがにこたえたのだろう、ガルージン大使の答弁は苦しいものであった。

面会の間ずっと私たちは、即時停戦、停戦会談の開始、三国による停戦の仲裁との提案を力説した。これについてロシア大使側からの賛成、反対、いずれも明瞭な意見の表明はなかった。ただし日本には仲裁に立つ資格はないというようなことは一言もいわれなかった。また中国、インドについても触れなかった。ただ、大使は「停戦会談はすでに行っている、ロシアの要求は明らかであって、それが満たされれば、軍事行動は終わる」と話した。そこで、伊東孝之氏が「それでは戦争はやめないということですか」と切り込んで、停戦を要求した。私は、ウクライナの非軍事化のような要求は日本の降伏経験から考えると、日本と立場が違うウクライナが呑むはずのない項目であると強調した。これには大使からの答えはなかった。その代わりに大使が言ったのは、「私は八月一五日の玉音放送を聞いたが、そこにはポツダム宣言を受諾するという言葉はなかった」ということだった。実際には「共同宣言に応ぜしむる」と天皇は述べているが、「ポツダム宣言」と具体的にはいわず、まして降伏するとは述べていない。大使がこう言った心理は、妥協して合意するときには表現を工夫することができると示唆するつもりなのかと思った。大使は最後に「停戦会談は行われている。話がまとまってくると、ウクライナ代表団のスカートの端を踏む動きが出る」と言ったが、これはアメリカが停戦会談をさまたげるだろうとほのめかしたのであろう。

結局、私たちの対話はいかなる合意点も見出すことはできなかったのであるが、それは予想した通りの結果であった。大使は最後に本日の会合のことはモスクワに報告すると言った。私たちはまた話したいと言って、記念撮影をして、大使館を辞した。

私たちの提言を広めるために

ロシア大使館を後にしたその足で、国会議員会館に行き、記者会見を行った。朝日新聞社、毎日新聞社、日本テレビ、共同通信の記者が駆けつけてくれたが、私たちの行動を記事として取り上げてくれたのは、日本テレビのデジタル版だけだった。

三月末、私は私たちの声明の趣旨を説明し、ロシア大使との問答について報告する文章をいくつか書いた。まずなんとしても、「朝日新聞」に即時停戦論を載せたいと思い、知り合いの記者と相談して、「私の意見」という投書欄に原稿を送った。その原稿の冒頭は

長周新聞

長周新聞社

日本政府は何をなすべきか

ロシア史研究者有志が声明

ウクライナ戦争の停戦仲裁を

中・印とともに求められる役割

平和憲法生かす機会に

憂慮する日本の歴史家の訴え

ウクライナ戦争を一日でも早く止めるために —

「憂慮する日本の歴史家の訴え」の声明文全文が「長周新聞」（2022年３月25日）の一面に掲載された。

次のようなものだった。

「戦争をとめる方法は二つしかない。一つは独ソ戦、日米戦争、イラク戦争のように、一方が相手軍を粉砕し、相手国を焦土化して、降伏させるという方法である。いま一つは朝鮮戦争のように、停戦交渉を始め合意にいたるという方法である。

さてこのたびはロシアが攻め込みウクライナが応戦するという戦争で、ウクライナの側に米国、NATO諸国がつき、世界的にも世論はウクライナに同情し、声援している。米国大統領はプーチン大統領を戦争犯罪人と呼び、ついには『権力に居座ってはならない』と公言するにいたった。米国は第一の方法で戦争を終わらせるつもりだ。」

私は第二の方法、朝鮮戦争の道、つまり、停戦交渉によってウクライナ戦争を止めるべきだと主張し、ロシア大使に即時停戦、停戦会談の開始、日本と中国、インドの三国による仲裁という私たちの提案をぶつけたと書いた。しかし、「朝日新聞」はこの投書を掲載することを拒絶した。その理由は「果たして中国やインドと日本が仲介するという案が現実に可能だろうか」という意見が出たからであるということだった。異論だと見なされる意見は投書欄にすら掲載を許されないのかと私は大きな衝撃を受けた。

「朝日新聞」への記事掲載が叶わなかったため、私は知り合いのi（アイ）女性会議の「女のしんぶん」の編集長に話して、書かせてもらった。三月二五日の「女のしんぶん」一面に「ロシアによるウクライナ侵攻と東アジア　戦争を止めるのは平和外交」という文章が載った。さらに岩波書店が発行する『世界』がウクライナ戦争で別冊特集を出すと聞いたので、編集長と話したところ、別冊特集ではなく、四月に出る通常号に寄稿することが決まり、「ウクライナ戦争を止めるための提言」というタイトルで文章を送った。

三月一八日頃、私はたまたま、BSフジテレビの反町理氏が司会を務める「BSフジLIVE　プライムニュース」を観ていた。その日のゲストは東京外国語大学の伊勢崎賢治氏で、伊勢崎氏の発言は私たちの声明の精神に近いものとうかがえたので、非常に嬉しかった。そこで伊東孝之氏がメールをおくってくれ、伊勢崎氏との面会が実現した。

伊勢崎氏は、東京外国語大学の教授で、紛争予防と平和構築という講座を担当している。インド留学中にスラム街の居住権を巡る住民運動にかかわったことから国際NGO職員となり、内戦初期のシエラレオネを皮切りにアフリカ三ヵ国で一〇年間、開発援助に従事した。二〇〇〇年から国連職員となり、東ティモールでは国連PKO暫定行政府の県知事を務めた。二〇〇一年にはシエラレオネで国連派遣団の武装解除部長となり、内戦終結に貢献し、二〇〇三年からは日本政府特別代表としてアフガニスタンの武装解除を担当した。大変なキャリアを積んできた平和構築のスペシャリストである。

二月二七日に伊勢崎氏は、れいわ新選組の山本太郎議員との対談を山本氏のYouTubeチャンネルで行い、最初の意見表明を行っていた。そして三月一七日の「長周新聞」に伊勢崎氏のインタビュー記事「ウクライナ危機に国際社会はどう向き合うべきか／緩衝国家・日本も迫られる平和構築の課題」が載った。その記事の中で、伊勢崎氏は自分の家族の戦争体験の中から停戦を主張していた。

「僕の家系はサイパン入植者で、「伊勢崎」の一族郎党は、戦前に小笠原からサイパンへ行き、第二次大戦末期、現在観光名所になっている「バンザイ・クリフ」から身を投げて全滅した。一昨年に九八歳で他界した僕の母を含め数人を残して。「米国は悪魔だ。捕まれば拷問され、レイプされ、殺される。そうなるくらいなら天皇陛下のために自決せよ」という言説に囚われ、みずから「死の忖度」を選んだのだ。彼らの目の前に現れた悪魔は、本当の悪魔かもしれない。だが、「悪魔化」の犠牲は常に一般市民なのだ。玉砕はまさに「国家のために死ね」といわれた犠牲者だ。なぜその日本人が現在、「国家のために死ね」というゼレンスキーを応援するのか。どう考えてもおかしい。」

「とにかく今国際社会が焦点とすべきことは早期停戦だ。それは一人でも多くウクライナの一般市民を助けるためであり、国際社会全体もそこに焦点を絞るべきだろう。」

「長周新聞」は、六〇年代には日本共産党内の反対派、山口県左派（中国派）が発行する新聞だと知られていたという記憶があったので、伊勢崎氏が「長周新聞」に登場したことはかなり意外だった。だが、「長周新聞」は昔とはすっかり様変わりをしているようで、三月二五日には、一面すべてを使って、私たちの声明を詳しく紹介してくれて、またまた私を驚かせた。さらに嬉しいことに、伊勢崎氏と話すと、私たちの声明を支持すると言ってくれた。

主張をメディアに伝え、それをメディアが読み手に伝える。私たちの企ての決定的な成功を実感したのであった。最終的に私たちの即時停戦論を最も大きく報道してくれたのは、『サンデー毎日』であった。この雑誌に毎号「倉重篤郎のニュース最前線」という記事を連載している大記者が三月一五日のあとに電話をしてくれ、私と会い、記事をまとめてくれた。四月一〇日に発売された四月一七日号に掲載された記事には、「ロシア史の泰斗和田春樹が究極のウクライナ仲裁案を緊急提言、『岸田首相よ、停戦交渉へ即刻中国、インドを動かせ』」との題が付けられていた。表紙にも「岸田首相よ　停戦交渉に動け！」という言葉が大きく記されていた。少し気恥ずかしいと思ったが、大変ありがたかった。記事を執筆した倉重氏は記事を次の言葉で結んでいた。

「外交にこそ日本の生きる場を求めたい。岸田首相に申し上げる。トルコの仲介努力支援のためにも、日本が中印に働きかけ、停戦仲介の輪を広げては如何か。日本が直面する対中緊張緩和にもつながる道である。」

『サンデー毎日』の連載「サンデー時評」の書き手である作家の高村薫氏も四月一七日号に「核保有国の起こした戦争　世界は即時停戦に動け」という一文を書き、「ロシアへの経済制裁と並行して、ウクライナに対しても武器の供与をやめ、これ以上市民の犠牲を増やさないために、即時停戦を強く促すべきではないか」と主張していた。これも重要な提言であった。

ロシアの侵略性、戦争の必然性を強調する専門家たち

ようやく停戦せよという声が出始めたと気分が盛り上がってきたのだが、テレビや大新聞の紙面では、相変わらずウクライナの抗戦を応援する主張が一般的だった。テレビでは若い国際関係学者たち、東野篤子（筑波大学教授、一九七一年生）、廣瀬陽子（慶應義塾大学教授、一九七二年生）、小泉悠（東京大学講師、一九八二年生）の各氏や、防衛研究所の兵頭慎治（一九六八年生）、高橋杉雄（一九七二年生）、山添博史（一九七五年生）の各氏たちが解説者として出演していた。連日、各番組に呼ばれ、戦況を解説するのだから、ウクライナがんばれという論調になるのは当然であろう。

しかし、新聞のオピニオン欄に登場する若い同僚、ロシア史家たちの主張が一本調子であったことには驚かざるをえなかった。

三月三日、四日の「日本経済新聞」には、東京大学の池田嘉郎氏（一九七一年生）の談話「ウクライナ　相克の近現代史」が載った。無難なロシア史のまとめであったが、三日の寄稿の見出しが「ロシア「帝国」の幻影 復活」で、四日の寄稿の見出しが「「帝国」衝

突の最前線に」となっていたように、ロシア帝国の伝統を復活させんとするプーチンの自負がハプスブルク帝国の伝統を生かすEUと衝突しているとのイメージを浮かび上がらせている。三月二〇日の「読売新聞」にはアメリカのスティーブン・コトキンによる談話「東西冷戦、終わっていない」が一面大で載った。「ロシア対西欧の対立は続いている、ウクライナ戦争は西側にとっても死活的に重大な機会なのです」と述べていた。三月三一日の「朝日新聞」にはロシア政治外交史が専門の慶應義塾大学名誉教授の横手慎二氏の談話「愛国心　情念と化すプーチン氏　冷徹利用のスターリン」が載った。スターリンとプーチンの類似点として、「ユーラシア志向に加え、軍事力偏重であること、（中略）現在の国境はいくらでも移動しうると見なしていること」を挙げていた。横手氏は違う点も挙げていたが、「二人は同じだ」ということが印象に残った。四月二日の「朝日新聞」には国際政治、比較政治を専門とする東京大学名誉教授の藤原帰一氏の談話「ロシアの侵略戦争　核兵器使用の脅し　ためらう直接介入」が一面大で載った。戦争の暗い現実を直視しながら、憲法前文に従い、「専制と隷従」と闘う側に立つ覚悟を固めよと説き、停戦論はリアリティーがないと否定していた。四月一四日の「朝日新聞」にもロシア外交史が専門の北海道大学教授の岩下明裕氏の談話「周辺国導く「使命」背かれれば憎しみ「解放」の名で侵略」が一面大で載った。

みな私の友人、同僚、学生だった人ばかりだが、ロシアの侵略性ばかりを強調しているのは一面的だ。大新聞が彼らにそのような侵略国ロシア非難の意見を開陳させたがっているのだとしても、ロシア史の専門家がロシアの侵略性ばかりを強調し、戦争の宿命的必然性を印象付けるのは正しくない。

停戦協議の新展開とその粉砕

この本の冒頭ですでに述べたが、ロシアが侵攻した直後にウクライナとロシアは戦いながら、協議を始めていた。ロシアのサイト「ヤンデックス」によると、協議を求めたのはゼレンスキー大統領の方であったようで、二月二四日にフランスのマクロン大統領にプーチンとの取次ぎを頼んでいる。ロシア側も、大統領の新聞担当秘書ペスコフがロシアの出す枢要な問題を話し合うつもりがあるなら、ウクライナと交渉する用意があると表明していた。だから、双方が戦争の深刻化を回避するために協議をするという気持ちを持っていたということになる。

仲介者としては、イスラエルのナフタリ・ベンネトゥ首相、トルコのエルドアン大統領、アゼルバイジャンの指導者アリエフらが働いて、二月二八日、開戦五日目に両国の協議が始まったのである。ロシア側の責任者は大統領補佐官メジンスキーで、国防次官フォーミン、外務次官ルジェンコも加わっていた。ウクライナ側は政府中枢のメンバーから成っており、与党議員団長アサハミヤが責任者で、大統領府長官顧問ポドリャク（元ジャーナリスト）、国防大臣レズニコフも加わっていた。

初回の協議はゴメリ（ホメル）で開催された。三月二日に国連総会でロシア非難決議が採択されたものの、ロシアは侵攻を止めず、ウクライナは抗戦を続け、それでも協議は続けられた。二回目の協議は三月三日、国境地帯で行われ、三回目は三月七日、ベロヴェージで行われたが、進展はなかった。三月一一日にはアメリカのバイデン大統領は「われわれはウクライナでロシアと戦争しない」と発言し、制限戦争にとどめるということを明らかにした。

ところが三月二九日、イスタンブールでトルコが仲介して、五回目の協議が行われると、ウクライナ側が明確な停戦条件案を出したのである。それは、ウクライナの中立化と非核化を約束し、自国の安全の保障のための国際的な枠組みを提案するというものであった。つまり、NATOには加盟しないということである。またクリミア半島については、一五年間の交渉を行うということが提案された。クリミア半島はロシアが併合を宣言している土地なので、一五年交渉を提案するということは、ロシアの領有を認めるという含みであることが理解された。そしてドンバス東部についてはウクライナとロシアの両大統領が参加する会談で解決することが提案された。これも妥協的な提案だと考えられた。

ロシアはウクライナによるこの提案を歓迎した。国防次官のアレクサンドル・フォーミンは、「ウクライナの中立と非核の地位、ウクライナの安全保障についての条約を準備する交渉が実践局面に入るのと関連して、本日の協議で話された原則を考慮して、ロシア国防省は相互の信頼の向上と一層の交渉と最終目的達成のための必要な条件づくりのためにキエフとチェルニーゴフ方面での活発な軍事活動を根本的に（中略）縮小するとの決定を下した」と発表した（「ヤンデックス」記事）。

「朝日新聞」（三月二八日）は、二六日に行われたバイデン大統領のワルシャワ演説を、「「プーチン氏、権力にとどまってはいけない」　バイデン氏が痛烈批判」という見出しを付けて報じた。一面の左肩五段の目立たない記事だった。二面には、「「専制主義と対決」強調　バイデン氏、プーチン氏去就に言及」「対立先鋭化の恐れ、高官火消し」と見出しをつけて、大きな記事を載せたが、プーチン批判の舌禍事件という印象を強めただけであった。その「朝日新聞」が三月三〇日の朝刊の一面トップに「停戦協議、中立化巡り進展　ウクライナ、「安全」枠組み提案」と大きく報じ、私を驚かせた。その記事には「ロシア、キエフ攻撃縮小を表明」という見出しも添えられていた。まさに停戦へ向かって大きな前進があったとみて、私たちは大いに喜んだ。

ところで、「ニューヨーク・タイムズ」(三月三〇日) はバイデン大統領の反応を伝えていた。「彼らの行動がどうなるか見るまではロシアの意図について結論は出せない」というのがバイデンの語ったことであった。「さしあたりは、われわれは強力な制裁をつづけ、ウクライナ軍に自衛能力を提供し続けるつもりだ」とあり、バイデンは明らかにイスタンブールの展開を歓迎していないようにみえた。

三月三一日になると、「朝日新聞」の一面には、「「攻撃縮小」欧米は懐疑的　ロシア、停戦協議後も砲撃」という記事が報じられていた。さらに社説では、ロシアは「本気で信頼を醸成したいのならば、ウクライナ全土でただちに戦闘を止めるべきだ」、「人道被害を即刻止めよ」という主張が展開されていた。

欧米側の消極的な態度が示される中で、私は心配しながら事態を見守っていた。

ブチャでの惨劇で停戦交渉がつぶれたのか

四月二日、キエフ方面からのロシア軍の撤退が完了し、ウクライナ軍が占領されていた地域へ進出した。翌三日、衝撃的なニュースが世界を駆け巡った。ロシア軍の撤退したブチャで四一〇人の市民の遺体が発見されたというウクライナ検事総長による発表であった。ウクライナのゼレンスキー大統領はアメリカのCBSニュースのインタビューで、「これは『ジェノサイド』だ。ウクライナの国と国民全体を抹殺しようとしている」と激しく非難した。その一方で、停戦協議については「対話以外に道はない」と協議継続の考えをゼレンスキー大統領は示していた。

ところがブチャでのロシア軍による大量虐殺が報じられたその日、欧米諸国の首脳たちはロシアを一斉に非難し、EU大統領のシャルル・ミシェルは、この件でロシアに対し新たな制裁を科すとの方針を表明した。また英国のジョンソン首相は、「無実の市民への卑劣な攻撃はプーチンとその軍隊による戦争犯罪の新たな証拠だ」とする非難声明を出した。ドイツのショルツ首相も「ロシア軍の犯罪を徹底調査し、加害者に責任を負わせるべきだ」と声明の中で述べた（いずれも「朝日新聞」四月四日夕刊より）。

四日になると、アメリカのバイデン大統領が「プーチンは「戦争犯罪人」だ」と語り、国際法廷の用意を呼びかけた。そしてこの日、ウクライナ国防省は、ロシア軍兵士二〇〇〇人の名簿を発表し、民間人殺害に関与と告発した。ウクライナの怒りも頂点に達し、その怒りの波はアメリカやヨーロッパ全土を覆い尽くしたのである。

四月七日、国連総会においてロシアに与えられている人権委員会での理事国資格を停止する決議が上程され、賛成九三、反対二四、棄権五八で可決された。ブチャでの虐殺が明らかになっておよそ一週間後の一二日には、プーチンはロシア極東地方で記者会見を開き、ブチャでの民間人殺害について「偽情報」だとして、ウクライナがこの問題を利用して停戦協議を停滞させていると批判した。停戦協議に参加していたウクライナ側代表のポドリャク顧問は、停戦協議の見通しは「非常に困難だ」との認識を述べた。

　結局のところ、ウクライナ側提案によって進むかと見えた停戦協議はブチャ虐殺に対するロシア糾弾の嵐によって吹き飛ばされてしまったかのごとくであった。ウクライナ戦争の「全貌を読み解く」と言われている小泉悠氏の『ウクライナ戦争』（ちくま新書、二〇二二年）も、停戦交渉が「行き詰まり」を迎えた「最大の要因として挙げられるのは」ブチャの「大規模な虐殺」が「明らかになったことであろう」と断言している（一三六頁）。果たして本当にそうなのだろうか。

第5章　米国主導の戦争

――「新しい戦争」が始まった

バイデン大統領の「ワルシャワ演説」

ウクライナの停戦条件案が出される前の二〇二二年三月二六日、ヨーロッパを歴訪していたバイデン大統領はポーランドのワルシャワで演説を行っていた。その演説はウクライナ戦争開戦後の最も重要な演説であった。私はバイデン大統領の演説の全文を「ニューヨーク・タイムズ」電子版で読んで、ショックを受けた。このバイデン演説は、「アメリカの新しい戦争」の宣戦布告に等しいものであったからだ。

バイデン大統領はワルシャワの旧王宮に集まった群集を前にして演説を行った。ウクライナの外務大臣と国防大臣が最前列で聞いていた。バイデンの演説は、ポーランド人でローマ教皇となったヨハネ・パウロ二世が一九七九年にワルシャワに里帰りして発した最初の言葉、「Be not afraid（恐れるな）」から始まった。それに続けて、ポーランドはソ連の支配下にあったこと、ワレサの連帯運動の偉大な働きで、一〇年後にはポーランドと中東欧は解放されたことを語った後で、こう言った。

「自由のための戦闘について言えば、単純なこと、楽なことは何一つない。それは長期にわたる苦痛にみちた戦闘であり、数日間、数ヵ月間で終わるものでなく、数年間、

2022年３月26日、バイデン大統領はポーランドのワルシャワで演説し、ロシアとの闘争を宣言した。

数十年間にわたるものである。だが、われわれはあらためて自由のための大戦闘に突入した。民主主義と専制主義の戦闘、自由と抑圧の戦闘、法に基づく秩序と野蛮な力による秩序の間の戦闘である。この戦闘においてわれわれははっきりと目を見開かなければならない。この戦闘は数日、ないし数ヵ月で勝てるものではない。われわれはこれからの長期戦にむけて心構えをかためなければならないのだ。」

さらにバイデンはウクライナ国民へのメッセージとして「われわれはあなた方とともに立つ」と明言し、次のような専制主義への闘争宣言を行った。

「こんにちのキーウ、メリトポリ、ハルキーフの闘いは長期にわたる闘争の最新の戦闘なのだ。一九五六年のハンガリー、一九五六年と一九八一年のポーランド、一九六八年のチェコ・スロヴァキア。ソ連の戦車は民主主義派の蜂起を次々と押しつぶしたが、抵抗は続き、ついに一九八九年にベルリンの壁が、そしてソ連の支配の全ての壁が崩壊した。人民は勝利したのだ。しかし、民主主義のための戦闘は終わることにはならなかった。冷戦の終了では終わらなかったのだ。最近三〇年、専制主義勢力は全地球的に復活した。その刻印は馴染み深い。法の支配への軽蔑、民主主義的自由への軽蔑、真理（the truth）そのものに対する軽蔑である。今日ロシアは民主主義を絞め殺してしまい、自国だけでなく、よその国でも、そうしようと企てた。民族的連帯という偽りの口実の下、ロシアは近隣諸国に侵攻した。プーチンはあつかましくもウクライナを『非ナチ化』しようとしていると言っている。これは虚言である。」

バイデンは演説の中で、ゼレンスキー大統領は「民主的に選出された」、その上、彼は「ユダヤ人」であると指摘した。

「クレムリンはＮＡＴＯの拡大を、ロシアを不安定化することを狙った帝国的計画だと描き出そうとしている。これほど真実と遠い話はない。ＮＡＴＯは防衛的同盟だ。ロシアの解体をめざしたことはない。」

バイデンは、アメリカとＮＡＴＯ諸国はロシアが戦争を始めないように数ヵ月間努力したが、プーチンは交渉には関心を示さなかった、そして戦争する気はないと繰り返して述べながら、ついに侵攻したのだと非難した。「これは第二次世界戦争の終了後に確立された法にもとづく国際秩序への直接的挑戦以外の何物でもない。」だから、「侵攻の数日以内に西側はロシア経済に打撃をあたえるため、結束して制裁を開始した。」「この前例のない制裁の結果、ルーブリはほとんど瞬時に紙屑にひとしくなった。」「一斉に行われたこの経済制裁は軍事力に匹敵する打撃を与える力をもつ新しい種類の経済的政治力行使である。」この経済的制裁とともに、西側世界は信じがたいレベルの軍事的、経済的、人道的援助をウクライナ国民に提供している。アメリカは侵攻以前にウクライナに六億五〇〇〇万ドル以上の兵器を与えていたが、侵攻後は一三億五〇〇〇万ドルの武器弾薬を与えている。

こう語った後で、バイデンは自分たちの兵が直接ウクライナ戦争に加わることはない、ヨーロッパにいるアメリカ軍はウクライナ戦争には参加しないということを念押しした。

「私がすでに明らかにしたように、ヨーロッパにいる米軍はロシア軍と衝突するためにいるのではない、アメリカ軍がここにいるのはNATOの同盟国を防衛するためである。」

バイデンはすでにロシアの戦略的失敗、敗北が明らかになったと述べ、さらにロシア国民はわれわれの敵ではないと語った。最後に「世界の民主主義国間の絶対的な団結」の必要性を強調した。

「だからこそ私は今週ふたたびヨーロッパに来たのだ。NATOにとって、G7にとって、EUにとって、全ての自由を愛する国民にとっての明確で決然たるメッセージをもってである。われわれはこの闘争に長期間身を投じなければならない。われわれは今日も明日も、明後日も、来年も、再来年も、数十年後も団結し続けなければならないのだ。それは容易なことではない。犠牲をはらうことになるだろう。しかし、それはわれわれが支払わなければならない代償だ。なぜなら専制主義を動かす闇黒は自由な諸国民の魂をいたるところで照らす自由の炎には最後には太刀打ちできないからである。」

「帝国の再建を狙う独裁者は人民の自由への愛を決して消し去ることはできない。野蛮な行為は自由でありたいという人民の意志をすりつぶすことはできない。ウクライナはロシアの勝利の獲物にはならない。自由な国民は希望のない、暗黒の世界に生きることを拒否する。われわれは別の未来を持つであろう。民主主義と原則、希望と光に根付いたより明るい未来、良識と威厳、自由と可能性の未来を持つであろう。」

バイデンはそこで一息ついて、「神の思し召しにより、この男が権力の座にとどまることはありえない。」と最後の言葉を吐いた。

「専制主義」に対する「民主主義」の闘争の最新の戦闘としてウクライナ戦争を位置づけ、アメリカがウクライナを支援し、戦闘を戦い抜くとバイデンが宣言したのである。

アメリカはロシアがクリミア半島を占領し、併合したことを許さなかった。ドンバス地方の占領、併合も許していない。ウクライナの主権と領土の侵害を断じて許さない。バイデンがそのように述べている以上、ゼレンスキー政府が二日後にイスタンブールでロシアに妥協的な停戦条件を提示したことがバイデンを当惑させ、不快にさせたことは明らかであろう。そこでどのような協議がウクライナとアメリカとの間でなされたのかはわからない。その内容は将来の歴史家が知ることになるであろう。しかし、アメリカとウクライナの間で交渉がなされたこと、合意がつくり出されたことは間違いない。ここではじまるのはロシアに対する「アメリカの新しい戦争」、ウクライナがアメリカの支援を受けて戦う戦争である。

アメリカのウクライナ政策

ここでアメリカのバイデン政権はどのような世界戦略を持ち、その世界戦略を以てどのようにしてウクライナ戦争に対応しようとしたのかを、振り返っておきたい。

ジョー・バイデンは一九四二年、ペンシルバニア州に生まれた。シラキューズ大学を卒業して、一九七三年、三一歳で上院議員となった。二〇〇一年に上院外交委員長となった。そして、二〇〇九年にはオバマ大統領の副大統領となり、二〇一四年マイダン革命前後にウクライナに深く関与したことで知られている。二〇一九年に大統領選に出馬し、トランプ陣営と激しく闘い、二〇二〇年一一月、僅差でトランプに勝ち、米大統領に当選した。真っ二つに分裂した国民の上に立つ大統領として、バイデンは対外政策における成功、対外戦争の勝利を目指さなければならないのである。

大統領就任後、バイデンはアントニー・ブリンケンを国務長官に、ロイド・オースティン将軍を国防長官に任命した。ブリンケンは一九六二年生まれで、母方の祖父はハンガリー系ユダヤ人である。ハーバード大学を卒業後、政府で働き、バイデンが上院外交委員長であったときの事務局長になった（二〇〇二～二〇〇八年）。その後二〇一四年から国務次官を務めた。ブリンケンが国務長官になると二〇一三年から一七年にかけて国務次官補（ヨーロッパ・ユーラシア担当）として、ウクライナ問題を一貫して取り扱ってきたヴィクトリア・ヌーランドが国務次官にあげられた。彼女はウクライナ系ユダヤ人を祖父に持ち、夫ロバート・ケイガンはネオコンの歴史家と知られ、夫の兄弟の妻キムバリーがこのたびの戦争での広報を担当している戦争研究所所長を務めている。

一方、オースティンは一九五三年生まれで、二〇一〇年にイラク戦争司令官を務め、その後参謀次長となり、二〇一三年には再度中央軍司令官となった。二〇一六年に退役した後は、パトリオット・ミサイルを製造するレイテオン社の重役をしていた。

二〇二一年三月二五日に行われた最初の記者会見で、バイデン大統領は「二一世紀における民主主義国家と専制国家の有用性をめぐる闘いだ」、「対決は望まないが、非常に厳しい競争になるだろう」と語った。

四月二八日の最初の議会演説では、トランプ派の議会乱入、制服警官による黒人ジョージ・フロイド氏の白昼路上殺害など一連の国内危機について語り、「習近平やその他の専制主義者（autocrats）は、民主主義は二一世紀には専制体制（autocracies）と競争できない、コンセンサスをうるのに時間がかかるからだと考えている」、「われわれの民主主義はわれわれを引き裂いている嘘、怒り、憎悪、そして恐怖を克服できるだろうか」「アメリカの敵たちadversaries——世界の専制主義者たち（the autocrats of the world）はわれわれにはできないと賭けている」と危機感をあらわにし、「専制主義との対決」という民主主義指導国家アメリカの課題を力説した。

六月五日には「ワシントン・ポスト」紙に論文「民主主義国を再結集させる」を掲載した。このあたりでバイデンの世界政策がはっきりしてきた。中国とロシアという専制主義の二大国との対決に向けて、同盟国、同志国を結集させるということである。

そのための具体的な第一歩がウクライナのロシア対決政策支援であった。バイデンは、二〇二一年二月二六日の声明の中で、「クリミア編入を認めない。ロシアの侵略的行動に対し、ウクライナとともに立ち向かう」とロシアを非難した。そして、三月一日には、ウクライナへの一億二五〇〇万ドル（約一三八億円）の軍事援助を発表した。バイデンは、トランプ政権の対ロシア政策を大きく見直したのである（『消えた「四島返還」完全版』北海道新聞社、二〇二一年、三三四、三三七頁）。ウクライナのゼレンスキー大統領が八月にキーウでクリミア半島奪還にむけた国際的枠組みである「クリミア・プラットフォーム」を立ち上げるとの構想を発表したが、バイデン政権の後ろ盾を確信してのことであろう。

　バイデンの世界政策の第二歩はアフガニスタンからの撤兵であった。これは二〇二一年八月に実行された。二〇〇一年にブッシュ大統領が戦争を仕掛けて以来、実に二〇年間にわたり戦争の泥沼に落ちていた状態から抜け出したわけであるが、明らかに専制主義との対決に向けて体制の再編を図った結果だった。

　八月三一日、アフガニスタンからの撤兵についての記者会見でバイデンは、中国とロシアの脅威について語り、「アメリカがアフガニスタンにもう一〇年嵌り込んでしまうことほど彼らに望ましいことはない」と述べている。

　バイデンの世界政策の第三歩目の策は、二〇二一年九月一五日にＡＵＫＵＳ（オーカス）、つまり米英豪の軍事同盟を発足させたことであり、二四日にＱＵＡＤ（クワッド、四ヵ国）会議を開き、これを定例化することを決めたことである。言うまでもなく、この二つの動きは中国に対抗する意思をデモンストレートしたものである。アメリカはＡＵＫＵＳの発足によりフランスとオーストラリアの関係にひびが入ることも意に介さなかった。もっとも、アメリカはイギリス、オーストラリアとはこれまでも軍事的同盟国であったから、ＡＵＫＵＳにはそれほどの新味はなかった。その意味では、九月二四日にワシントンで開催したＱＵＡＤ会議の方が重要であり、不気味でもあった。これはすでに何回か開催されていた米国、オーストラリア、日本、インド四国の会議を毎年開催することに決定し、その新クールの会合の第一回を開いたものである。これは「自由で開かれたインド太平洋」というモットーのもと、中国を封じ込める国家連合の最初の礎石であった。

このように専制主義に対する民主主義の世界的な戦いが避けられないとバイデンは考えていた。バイデンが恐れとともに待ち望むのはアジアの巨人中華人民共和国との最終的対決であるが、その対決に向かって準備をする際にヨーロッパで専制主義国家ロシアの動きが爆発しそうな気配であることに注意が向けられた。二〇二一年一〇月ウクライナ国境のロシア軍は一〇万人規模まで増強されていたのである。

二〇二二年一月一九日、バイデンは記者会見で「彼らがウクライナに侵略すれば、ロシアにとってさらなる大災害となるだろう。われわれの同盟国とパートナーはロシアとロシア経済に厳しいコストと重大な損害を科すだろう」との警告を発した。当時フランスのマクロン大統領とドイツのショルツ首相はロシアを再々訪問し、プーチンに軍事行動を起こさないように説得していたが、バイデン大統領は動かず、ただ警告するばかりだった。

それから約一ヵ月後の二月一五日、バイデンは再び演説し、「侵攻の可能性はまだ十分にある」と述べながらも、ロシアが求めているNATOの不拡大についてはっきりと不同意を表明した。それでも必死のマクロン大統領は二月二〇日、米露首脳会談開催の合意ができたと発表した。アメリカ政府は、軍事侵攻が起きなければ首脳会談を行い、二四日の外相会談で日時を調整すると発表した。

だがプーチン大統領がウクライナ東部の二共和国独立を承認し、進駐を決めると、二月二二日バイデン大統領は演説し、「侵攻の始まり」だと述べた。これにより、アメリカとロシアの首脳会談は白紙となり、アメリカはロシアに対して新しい金融制裁を発動した。そしてロシアがウクライナに対し、「軍の特殊作戦を開始する」と発表すると、バイデン大統領は二月二三日夜、「この攻撃がもたらす死と破壊の責任はロシアのみが負う。米国と同盟国は団結して、断乎とした方法で対応する」と演説した。翌二四日にバイデンは、「プーチン大統領は侵略者だ。彼はその報いを受けることになる」と述べ、ロシア最大のズベルバンクや第二の銀行に対し、ドル決済の禁止を科すなど大規模な追加制裁を発表した。NATO態勢強化のためドイツに七〇〇〇人を増派することも決定した。

このようにバイデン大統領の歩みを時系列に振り返ってみると、バイデンによる、二〇二二年三月二六日ワルシャワ演説は満を持して発された対ロシア闘争宣言であることがよくわかる。

アメリカの「新しい夢の戦争」

四月五日、アメリカ下院軍事委員会公聴会が開催され、制服組のトップ、ミリー統合参謀本部議長がウクライナ戦争は「長引く紛争だ」、「一〇年とはならなくとも、少なくとも数年間は続くだろう」と表明した。つまり停戦などありえない、アメリカはこの戦争を数年間は続けるつもりだという米軍の態度が示されたのである。

四月二四日、ブリンケン国務長官とオースティン国防長官は二人揃って、ポーランド経由でウクライナ入りし、ゼレンスキー大統領と会談した。これは戦争遂行の方針を、アメリカとウクライナの間で一致させる会談となった。会談翌日、オースティン国防長官は、ポーランド国境付近で記者団に「ロシアがウクライナ侵攻のようなことをできない程度に弱体化することを望む」と述べ、バイデン大統領が掲げる戦争目的を再定義した。さらに「ウクライナが領土の主権を守ることができる、独立した民主的な国家であり続けることを望む」とも述べた。

またブリンケン国務長官は、「ロシアはウクライナを完全に征服し、主権を奪おうとしたが、失敗した」と述べ、「独立したウクライナはプーチンよりも長く存在するだろう」とも語った（「朝日新聞」三月二六日夕刊）。このブリンケン国務長官の発言は、バイデン大統領の演説を言い換えたものである。アメリカはウクライナの主権と領土を守る戦争をウクライナとともに進め、ロシアが二度と侵略戦争を行えないほどに弱体化させる——これが目的だというのである。

しかし、アメリカは戦争協力、戦争参加に明確な「限界」を定めていた。まず、今回のウクライナ戦争にはアメリカの軍隊は参戦しないということである。バイデンのワルシャワ演説でもそのことははっきり述べられた。さしあたりアメリカの地上軍、空軍、海軍は参戦しない、したがって、この戦争でアメリカは戦死者を出さないということである。この戦争でロシア人と戦って死ぬのはウクライナ人であるということから、アメリカは「可能な限り」「長く」戦争を続けることができるというわけである。

さらにロシア領内に入って攻めることは禁止された。戦火をロシアへと拡大させることは否定されたのである。したがって、ロシア軍を壊滅させ、降伏するまでロシアを追い込むことは今回の戦争の目的ではないのである。その逆で、今回の戦争は外交的に終わらせるという方針をアメリカは示した。この姿勢は「ニューヨーク・タイムズ」（五月三一日）に掲載されたバイデン大統領の論文に明確に示された。バイデンは「アメリカの目的」は、「民主的で、独立した主権国家にして繁栄するウクライナがさらなる侵略を抑止し、自ら防衛するだけの手段をもってのこることだ」と書き、「この戦争は最終的には外交を通じてはっきりと終わることができる」と明言した。

このことから導かれるのは、アメリカの戦争参加はロシアとの軍事的衝突にならない限り、続けられうるが、ロシアとの軍事衝突の危険性が高まり始めたら、ただちに停止される、というものである。アメリカとロシアの間で行われる戦争は、エスカレートすれば核戦争となる恐れがある。核戦争は絶対に回避するというのがバイデン大統領の絶対的な方針である。

「新しい戦争」はこうして始まり、行われる

戦争には直接参加しないというアメリカはどのように、ロシアを「攻撃」しているのだろうか。私はアメリカによる攻撃は「四つ」あるとみている。

第一の攻撃は、ロシアに対する経済制裁の実施である。四月六日、アメリカは新規にロシアに投資することを全面禁止した。最大手銀行ズベルバンクや民間銀行大手アルファバンクと米国金融機関や企業との取引は完全に遮断され、アメリカ国内資産も凍結された。制裁対象には、プーチンの二人の娘、ラブロフ外相の妻と娘、メドヴェージェフ前首相らも含まれた。そして四月七日には、G７は首脳声明を出し、ブチャの虐殺を念頭にロシアからの石炭輸入を停止するという経済制裁を発表した。

第二の攻撃は、ウクライナへの武器と軍事情報の提供である。東部戦線でロシア軍と戦うためには、ウクライナは戦車と大型榴弾砲と戦闘機を必要としていた。アメリカはウクライナがロシア領内を攻撃しないことを前提に兵器を選んで、提供した。アメリカは東部戦線に向かうウクライナ軍に対して、東欧が保有している旧ソ連軍の戦車を新たに提供することを決めた。また大型の榴弾砲を供与することも決まった。オースティン長官は四月二六日にドイツで開かれた同盟国会議に出席し、ウクライナへの新たな軍事支援を決定している。武器の供与は、ロシア側の出方をみながら、次第に高度な、射程の長い、強力な兵器が提供された。夏には高機動ロケット砲システム（HIMARS）が当初四基提供された。本来なら六〇〇キロメートル飛んでロシア領内の攻撃に使用されうる装置だが、提供されたものは射程三〇〇キロという限定的なものである。最新鋭戦車（ドイツのレオパルト戦車とアメリカのエイブラムス戦車）の提供は問題にならなかった。武器の提供という行為からみて、ウクライナはアメリカの戦争目的に従って戦争をしているということが明確になった。

兵器の提供以上に重要なのが軍事情報の提供である。NATOは情報収集のためにベラルーシ、ウクライナの国境近くまで情報収集機を飛ばしている。黒海の上空にも飛ばしている。そのようにして得られた情報はウクライナ軍に常時提供されている。四月一五日、ロシア海軍黒海艦隊の旗艦である巡洋艦「モスクワ」が対艦ミサイルにより攻撃され、撃沈した。ロシア側に衝撃を与えたこの攻撃は、アメリカ側、西側からの情報提供を受けて行われたものであることが明らかだが（小泉悠『ウクライナ戦争』一四四〜一四五頁）、詳細はまだわかっていない。

かつて、二〇二〇年一月、アメリカ軍はイラクを訪問したイランの革命防衛隊司令官ソレイマーニーを空港の外に出たところで無人機からのロケット攻撃により殺害したことが知られている。巡洋艦「モスクワ」撃沈作戦にアメリカ軍の関与がどれほどのものであったか、憂慮する見方もある。一般に、無人機によるミサイル攻撃の場合、作戦を実行する要員自身は、遠く離れた基地にいるのが自然である。そのため、今回の巡洋艦撃沈作戦には、ウクライナ以外の国が関与し、秘密戦士が作戦を行っているということは十分にありうるのである。

第三の攻撃は、ウクライナへの戦費支援である。これも膨大な額に達している。ウクライナの国家財政は連合国による戦費支援で支えられている状態であろう。

第四の攻撃は、広報の支援である。開戦以来ウクライナの戦況は、米国防総省の発表とイギリスの情報部の発表、それにアメリカの民間研究機関、戦争研究所の発表によって全世界に伝えられてきた。これが各国の報道機関に活用されて、連日広められていく。当然ながら、ウクライナ軍の動きはまったく発表されない。ウクライナ軍の死者数も隠されている。

こうして進められている戦争は米国にとって「夢の戦争」「新しい戦争（new model war）」なのである。アメリカの青年はこの戦争で誰も死んでいない。アメリカ製の武器が政府に際限なく購入され、ウクライナの戦場で消費される。兵器産業は喜びに沸き、政府には国民の支持が変わらず与えられると考えられた。

だが、この戦争が進むと、ウクライナが勝利を目指して戦争をするようになり、より高度な、より射程の長い兵器の提供を要求するようになる。そしてさらにウクライナはロシア領内を攻撃することを要求し続けることになるだろう。ロシアの力を弱めるために、一定の限界内でウクライナに戦争をさせ続けることが無理になってくる。アメリカにとっての「夢の戦争」、ウクライナにとっての代理戦争を強いることとの矛盾が露呈してくることは避けられない。

第6章　改めて即時停戦、中印による仲裁を求める!

中国、インド大使館へアプローチ

　イスタンブールで生まれた停戦への希望を、本格的な戦争に向かう四月の嵐が吹き飛ばし、ウクライナ戦争は東部戦線での激戦に突入した。やがて焦点はドネツク州の南端、アゾフ海沿岸の都市マリウポリに集まった。そこはロシア側が最も敵視する、ウクライナの武装組織アゾフ大隊の本拠地で、ロシア軍とアゾフ大隊の戦闘は、死闘の様相を呈した。アゾフ大隊は二〇一四年にウクライナ内務省の特別部隊として組織され、人種主義や親ナチ的な傾向を持つ分子を多く抱え、ドネツク州内の親ロシア系集団と激しく戦って来た。そのアゾフ大隊がマリウポリ最大のアゾフスターリ製鉄所に立てこもり、ロシア軍と頑強に戦っていた。

　私たちは、このような激烈な戦闘に心を痛めつつ、停戦のために活動を続けた。即時停戦、日中印三国仲裁を求める私たちの声明を中国大使館やインド大使館に向けて出そうと、両大使館との接触を試みた。

　中国大使館にはさまざまなルートでアプローチしたが、会う機会をもらえなかった。ただ中国側の一部に、私たちの申し入れに明らかに好意を見せる部分があることを確認することができた。中国は停戦仲介に動くべきかどうか悩んでいるように感じられた。中国としても、ロシアのウクライナ侵攻を支持することはできないはずである。したがってできることは停戦仲裁に動くだけなのだ。私たちはこの点には確信を深めた。

インド大使館との接触には、日印学術交流に取り組んできた羽場久美子氏が働きかけた。その甲斐もあり、二〇二二年四月一八日に和田と伊東、富田、事務局を引き受けてくれた平山茂らは羽場氏の案内で、インド大使のサンジェイ・クマール・ヴァルマ氏に会うことができた。大使は、戦争が起きれば、即時停戦、領土不拡大、人道危機に対処する態度で臨む、あなた方の声明は理解できると述べた。さらに、現下の厳しい交戦状況のもとでは停戦せよと言うのは難しいが、状況が好転すれば、インドが仲介することは考えうるかもしれないと言われた。大使の反応は期待を抱かせるものであり、私たちは喜んで大使館を後にしたのだった。

チョムスキーら世界の言論界の動き

世界的に見ると、私たちは世界に先駆けて停戦を表明したようだった。戦争が始まってから約一ヵ月後の四月、米国から九四歳の万人に尊敬される世界的な反戦知識人、ノーム・チョムスキーの声が聞こえてきた。彼は雑誌の編集長との対談で、核戦争を防ぐには、「どんなに醜悪なものだとしても、『交渉を通じた解決』を追求すべきだ」という意見を表

アメリカの平和思想家ノーム・チョムスキー（右）とコロンビア大学教授で経済学者ジェフリー・サックス。

明したのである（「Current Affairs」二〇二二年四月一三日）。さらに、四月一四日には、コロンビア大学の経済学者ジェフリー・サックスが中心になって、国連の持続可能な発展の解決協議会のメンバーたちが次のような声明を出した。「すべての国連加入国と国連指導者へのメッセージ」である。

「ウクライナの戦争は全人類の持続可能な発展を脅威にさらすだけでなく、全人類の生き残りを脅威にさらしている。われわれは国連憲章に従って行動するすべての国民に、この戦争がわれわれすべてを終わらせる前に、協議を通じてこの戦争を終わらせることにより、外交を人類に奉仕させるよう訴える。」

ドイツでは老哲学者、ユルゲン・ハーバーマスが「南ドイツ新聞」（四月二九日）に「戦争と憤激」という論説を発表したことが伝えられた。それは彼のウクライナ戦争に対する憂慮の第一声であった。チョムスキーやサックス、ハーバーマスから何かしらの発言があったことはよかったが、それらの声はどこか遠くに聞こえるだけで、直ちに私たちを元気づけるものではなかった。

他方で、隣国の韓国からは、四月一一日に国会議員会館で、野党の「ともに民主党」の議員八氏の主催で学術会議「ウクライナ戦争と韓半島」が行われたということが伝えられた。二つの学会、韓国安保通商学会と大韓民国国際法学会がそれぞれ報告者を出し、会議の最後に韓国安保通商学会会長で、韓国神学大学教授李ヘヨン氏が「ウクライナ・『マトリクス』と『冷戦Ⅱ』」との凝った演題で報告を行った。韓国から送られてきた内容を読むと、李ヘヨン教授の報告は第一級の重要論文であった。私は李教授の許可を得たうえで、その論文を早急に翻訳し、四月二〇日には関係者に配布した。

李教授は一九六二年生まれで、その主張から見ると、韓国でも評判の左翼らしい。李ヘヨン氏はイスタンブールでの協議の進展をしっかり分析した上で、ウクライナ戦争の性格について次のように述べている。

「開戦の初期から私は、この戦争が古典的な全面戦争、敵地すなわち敵の領土全体の占領を伴う敵の完全殲滅を目的とする最大主義的なものではなく、設定された政治的目的達成のための、また条件によっては目標の引き上げを排除しない〝制限戦〟であるとの見解を表明してきた。」

そして、戦争の起源については明確に、「ウクライナを取り巻く政治的交渉の因果を遡れば、戦争の起源を一九八九年の独立・統一に見出すことができる」と述べていた。私は李ヘヨン氏の冷静な分析を好ましく思った。

ドイツで起きた停戦表明

その頃、ドイツでもウクライナ戦争についての市民知識人の声明が出始めていた。緑の党のアントイェ・フォルメル元連邦議会副議長をはじめとする政党、社会団体、学界の元老クラスの一八人がショルツ首相宛ての公開書簡を出したのが最初のようだ。この声明については、李ヘヨン氏による『ウクライナ戦争と新世界秩序』（サゲチョル、二〇二三年）という本でその存在を知った。その声明はこのような内容だった。

「われわれは、ロシアのウクライナ戦争はどうしても正当化することができないとみなし、この戦争を最大限非難するものです。われわれはみなともに世界、大陸に予測できない結果を招来するこの戦争の統制不能な拡散について警告し、戦争の道具と武器の提供によっておこる流血事態に反対します。」

「われわれは連邦政府、EU及びNATO会員国すべてにウクライナ軍に対する武器提供を中断し、キエフ政府に停戦協議と政治的解決を保証するので、軍事的抵抗を中断せよと鼓舞することを促します。ゼレンスキー大統領がモスクワに提示した案、すなわち可能な中立化とクリミア半島承認に対する協議、そしてドンバス内共和国の未来の地位にかんする国民投票が実質的機会となるのです。」

「今ただちに都市の大規模破壊を中止し、停戦協議を促進するためにドイツ連邦政府はキエフ、ハリコフ、オデッサなど危険にさらされている、言い換えれば、いまだ破壊されていない都市を一九四九年のジュネーヴ諸条約第一議定書に従って

ドイツの神学者アントイェ・フォルメル。緑の党長老。元連邦議会副議長。

「無防備地区」に宣言しようと提案すべきです。」

武器を提供するのでなく、停戦協議のチャンスを作り出せというこの公開書簡の主張はヨーロッパでの平和論の基本線を打ち出したものであった。無防備地区の提案も現実的な提案とは言えないが、一八人の真剣な姿勢を示していた。

さらに四月の終わりになると、ドイツでは第二の動きが起こった。それは、四月二八日にショルツ首相宛てに送られた二八人の知識人の公開書簡である。最初の声明の中心人物、アントイェ・フォルメルもその声明の発起人に加わっている。ディーター・ヌール（コメディアン）、アリス・シュヴァルツァー（ジャーナリスト）、ズヴェニヤ・フラスペーラー（哲学者）、エリザ・ホーフェン（刑法学）、アレグザンデル・クルーゲ（映画製作者）、ヴォルフガング・メルケル（政治学教授）、エドガー・ゼルゲ（俳優）、ハラルド・ヴェルツェル（社会心理学）、ランガ・ヨーゲンシュヴァール（学術ジャーナリスト）、ユーリー・ゼー（作家）らが声明に参加していた。二八人による声明は次のようなものであった。

「われわれはロシアの侵略が国際法の根本規範に違反するという判断に同意します。同じく侵略的暴力を前にすれば、抵抗せずに譲歩してはならないという政治的道徳的義務があるという確信にも同意します。だがこのことから導かれる全てのことには、また政治倫理の別の範囲での限界があるのです。

　われわれの確信するところによれば、今や二つの限界線に到達しています。第一にこの戦争が核衝突にエスカレーションする明白な危険を背負い込んではならないという明白な戒めです。いずれにせよ大量の重火器を戦争当事者にドイツ自身が引き渡すのであれば、ロシアの反撃はNATO契約による支援国の壊滅とそれとともに世界戦争の直接的危険をもたらすかもしれません。第二の限界線はウクライナ民間人の破壊と人間的苦難という尺度です。侵略者に対する正当な抵抗であっても、いつかはこれ以上我慢できない不均衡に到達するのです。」

「圧力のもとで軍備拡張のエスカレーションが起これば、破局的諸結果を伴う世界大の軍備拡張のスパイラルの始まりになります。そしてとどのつまりはグローバルな衛生と気候変動に災いを招来するのです。どういう違いがあるにせよ、全世界大の平和を促求することが大事です。共有する多様性というヨーロッパ的アプローチはこの場合、手本なのです。」

この公開書簡はフェミニストの雑誌「エマ」に発表され、ネット上で署名が集められた。

スタートから三時間で一万人以上の署名が集まったという。一方で、ウクライナの駐独大使メルニクは四月二八日に、書簡を出した二八人は「第二のホロコースト」、ウクライナ人に対するホロコーストに責任を負うと非難した。にもかかわらず署名者は五月二日には一五万人、六月二〇日には三〇万人に達したという。

日本国内の変化の兆し⁉　東郷和彦氏の意見

日本国内の大新聞には引き続き、ロシア非難の議論ばかりが横溢《おういつ》していたが、四月二二日になってようやく、「毎日新聞」夕刊一面大に、外務省でロシア交渉を進めて、パージされた元欧州局長、元オランダ特命全権大使の東郷和彦氏の意見が載った。そこには「この国はどこへ　これだけは言いたい　プーチン氏の論理、読み切れ」と見出しが付けられていた。

東郷氏が述べた意見はまさに一般新聞の紙面では表明されることがなかった意見だった。東郷氏は、「マイダン革命を背後からサポートし、その後も軍事支援を主導したのが」副大統領時代のバイデン氏だと述べ、彼が大統領に就任した二〇二一年一月以後、「緊張が一気に高まった」と指摘した。ゼレンスキー大統領が「クリミアの奪還」を公言し、そのための国際会議を開き、バイデン大統領から軍事支援をとりつけたのだという。「クリミア奪還をバイデン氏の後ろ盾なしにゼレンスキー氏が発言するとは考えにくい」——東郷氏はウクライナ戦争に至る状況をそのように説明した後で、三月二九日にイスタンブールでウクライナが出した停戦の条件案を「妙案」だと高く評価し、これがブチャの「民間人虐殺疑惑」の高まりによって消し去られたことを残念がった。そして「一刻も早く停戦すべきだ」と訴え、日本政府こそ「和平について独自に動くべきだ」と主張した。

東郷氏の意見は私たちが主張した即時停戦論に近い意見だった。そしてこうした意見が「毎日新聞」の紙面に掲載されたことは、日本の中の空気の変化を示すものだと考えられた。私は北方領土問題で長く四島返還論を批判する議論をし、一時は東郷、佐藤優、鈴木宗男各氏らの交渉を支持してきた者だから、東郷氏の提言を喜んだ。東郷氏にさっそく連絡をとると、私たちの議論に参加してくれることになった。

私たち、「憂慮する日本の歴史家の会」は四月二九日に第二回シンポジウムを開催した。私、伊東孝之、松里公孝、伊勢崎賢治、羽場久美子、和田春樹、富田武の六氏が報告した。私はバイデンの三月二六日のワルシャワ演説を紹介し、「アメリカの新しい戦争」という認識を説明した（本書第5章で述べた内容の骨子である）。

停戦協議が吹き飛ばされたあとの新たな声明

四月半ば、ウクライナ東部ドネツク州の要衝、マリウポリ攻略戦でロシア軍が勝利したと宣言した。アゾフスターリ製鉄所に立てこもるウクライナ軍に対し、ロシア軍は投降を求めた。アゾフスターリ製鉄所には約二〇〇〇人の兵が民間人とともに潜んでいた。このマリウポリの陥落は、戦争の流れの中でどのような転機をつくりだすのかが考えられた。戦争は停戦に向かうのか、それとも拡大されるのか――。

その一方で、東アジアと東北アジアでは、緊張が高まっていた。五月末には東京で、日本、アメリカ、オーストラリア、そしてインドが参加するQUAD（クワッド）首脳会合が開かれることが発表されたのだ。会合には、バイデン大統領、インドのモディ首相、オーストラリアのアンソニー・アルバニージ首相が出席し、第一の話題は「地域情勢・国際情勢に関する率直な意見交換を行う」ということであった。アメリカが専制主義と決め付ける超大国中国を念頭に置いて、ロシア包囲網を整えようとしているとすれば、アメリカ、韓国、日本の市民の国際的な協調をここでアピールする必要があるのではないか、と私は考えた。

そこで私はソウル大学の南基正氏と韓神大学の李ヘヨン氏に連絡をとり、声明への協力を打診した。幸いに、二人は声明に協力してくれることになり、その原案は私が書くことになった。トルコのイスタンブールでの停戦協議の進展が白紙化された経過については断定的に書くことをさけたが、アメリカが戦争続行を望んでおり、停戦に反対していることを明確に示唆した。その上で改めて即時停戦のために働きかける意義を強調し、停戦協議を仲裁する国として中国、インドの他に南アフリカ共和国、ＡＳＥＡＮ諸国、特にインドネシアとベトナムを挙げた。今回は停戦の仲介は日本政府には求めなかった。そして国連事務総長のアントニオ・グテーレス氏にも仲裁を頼んだ。

声明原案がまとまり、私は古い友人のオーストラリア国立大学のギャヴァン・マッコーマックに声明原案を送って、翻訳を依頼した。彼はすぐに訳してくれ、共通の友人の米国の中国研究者マーク・セルデンに送ってくれた。セルデンも声明に署名すると言ってくれ、彼が主宰するメールマガジン「The Asia-Pacific Journal: Japan Focus」に載せることを約束してくれた。さらに私はノーム・チョムスキー、ブルース・カミングス、ジョン・ダワーに声明案を送った。この人たちだったら声明に協力してくれるだろうと思ったからだ。だが、彼らからは一向に返事が来なかった。そこで、新しく作った声明を「日韓市民共同声明」にしようと決断した。

「日韓市民共同声明」

二〇二二年五月九日、私たちは日本人三四人、韓国人一九人、その他三人が署名した第二声明を発表した。オンラインで記者会見を準備したが、記者たちはほとんど集まらなかった。この「日韓市民共同声明」は次のような内容だ。

声明「日本、韓国、そして世界の憂慮する市民はウクライナ戦争即時停戦をよびかける」

ロシア軍の侵攻によりウクライナ戦争がはじまってからすでに2か月がすぎた。ロシア軍は目的を達したとして、兵を首都キエフ方面から撤退させ、ドンバス東部に兵力を集中させている。イスタンブールでの停戦会談ではウクライナの停戦の条件が示され、楽観的な空気があらわれた。ところが、キエフ近郊の町ブチャでの市民の遺体が発見されるや、ロシア軍の戦争犯罪を非難する声が上がり、ウクライナ軍は怒りに燃えて、さらなる戦闘に向かっている。米国をはじめとする支援国グループは競って、大型兵器、新鋭兵器をますます大量にウクライナに送り込んでおり、米国の統合参謀本部議長ミリー将軍はウクライナ戦争は数年続くだろうと言い始めた。

　一部の国々はこの戦争をウクライナの勝利まで、プーチン政府が降伏するまで続けることを願っているようだ。しかし、戦争が続けば続くほど、ウクライナ人、ロシア人の生命がうばわれ、ウクライナ、ロシアの将来に回復不能な深い傷をあたえることになる。

　それだけではない。多くの国がロシアに制裁を加え、ウクライナに武器の援助を増大させつづければ、戦争がウクライナの外に拡大し、エスカレートし、ヨーロッパと世界の危機を招来する。核戦争の可能性が現実のものになり、制裁の影響はアフリカの最貧国において世界的規模の飢餓をひきおこしかねない。

　戦争がおこれば、戦場を限定し、すみやかに停戦させて、停戦交渉を真剣にさせることが平和回復のための鉄則である。われわれはあらためて、ロシア軍とウクライナ軍は現在地で戦闘行動を停止し、真剣に停戦会談を進めるように呼び掛けたい。国連のグテーレス事務総長が、ロシアとウクライナの大統領を相次いで訪れ、停戦を働きかけた。国連はさらに停戦のための真剣な努力を継続してほしい。3月以来、トルコが停戦会談の仲介者として敬服に値する努力を果たしている。ヨーロッパの戦争の決定的な現段階においては、アジア、アフリカの諸国も行動をおこすべきだ。中国やインド、南ア共和国などの中立的大国、インドネシア、ベトナムなどアセアン諸国が戦闘停止を両軍に呼びかけ、停戦交渉を仲介するのに参加してくれることを願ってやまない。

これ以上戦争を続けることは許されない。プーチン大統領のロシア政府とゼレンスキー大統領のウクライナ政府は即時停戦する意思を世界の人々の前に明らかにし、停戦会談をまとめあげ、実際に停戦に向かうようにお願いする。

世界中の人々がそれぞれの場で、それぞれの仕方で、それぞれの能力に応じて、「即時停戦を」の声をあげ、行動をおこすべきときである。

もっとも大切な価値は命である。ウクライナにおいて、これ以上、人間を殺すな、人間は殺されるな、と私たちは訴える。

署名者

日本

浅田次郎（作家）、石坂浩一（立教大学元教授）、伊勢崎賢治（東京外国語大学教授、元アフガニスタン非武装化日本政府特別代表）、伊東孝之、上野千鶴子（東京大学名誉教授）、内田樹（神戸女学院大学名誉教授、武道家）、内田雅敏（弁護士）、内海愛子（恵泉女学園

大学名誉教授、梨の木ピース・アカデミー代表）、梅林宏道（ピース・デポ顧問）、岡本厚（元岩波書店社長、元『世界』編集長）、加藤史朗、加納格、桐野夏生（作家、日本ペンクラブ理事長）、鈴木国夫（「市民と野党をつなぐ会@東京」共同代表）、徐載晶（国際基督教大学教授）、田中宏（一橋大学名誉教授）、田中優子（元法政大学総長）、千葉真（国際基督教大学教授）、東郷和彦（静岡県立大学客員教授、元オランダ大使、元外務省欧州局長）、富田武、豊川浩一、長與進、西成彦、西谷修（東京外国語大学名誉教授）、羽場久美子、平山茂（市民運動家）、藤本和貴夫、毛里和子、矢野秀喜（無防備地域宣言運動全国ネットワーク）、吉岡忍（作家、元日本ペンクラブ理事長）、吉田浩、李泳采（恵泉女学園大学教授）、和田春樹

韓国

高光憲（元 ハンギョレ新聞、ソウル新聞 社長、詩人）、金世均（ソウル大学名誉教授）、金峻亨（韓東大学教授、元国立外交院院長）、南基正（ソウル大学教授）、明盡和尚、朴祥圭（牧師、韓神大学理事長）、白樂晴（ソウル大学名誉教授）、白日（蔚山科学大学教授）、徐海誠（作家）、沈裁明（明 Films 代表）、禹希宗（ソウル大学教授）、李大根（又石大學校教授、元京郷新聞編集局長）、李都欽（漢陽大學校教授）、李海榮（韓神大学教授、元韓

神大学副総長)、鄭智泳(映画監督)、鄭泰春(歌手)、咸世雄(神父、安重根義士記念事業会理事長)、韓貞淑(ソウル大学教授)、洪世和(作家、社會運動家)

世界

マーク・セルデン(ニューヨーク州立大学ビンガムトン校名誉教授、アジア・パシフィック・ジャーナル：ジャパン・フォーカス編集長)、ギャヴァン・マッコーマック(オーストラリア国立大学名誉教授、オーストラリア人文アカデミー・フェロー)、ダグラス・ラミス(ヴェテランス・フォア・ピース沖縄支部コーディネーター)

第一声明がロシア史家を中心に一四名の歴史家の署名で出されたのに比べて、第二声明「日韓市民共同声明」はメディアに出て即時停戦論を唱えている代表的な論客が加わってくれた。伊勢崎賢治氏と東郷和彦氏の参加が大きな意味を持った。また日本ペンクラブの歴代の理事長の吉岡忍、浅田次郎、桐野夏生の三氏も参加してくれたことはかなりのインパクトがあった。さらに上野千鶴子、内海愛子、田中優子氏ら当代の代表的な女性論客の登場も喜ばしいことであった。

声明を発表したあとで、マッコーマック氏から、アメリカの三人組に問い合わせてもらうと、チョムスキーから厳しいメールが来た。チョムスキーは声明の基本主張には賛成するが、文章には不用意な表現があるので署名できないとし、現在アメリカでは主流の路線に従わない表現は「非合理的なヒステリー」の反発を招くのだと説明があった。朝鮮戦争の時代にマッカーシー旋風、赤狩りの嵐が吹き荒れたことを知っている。少しでもロシアの行動を正当化する意見を述べていると思われたら、公共の場で言論活動をすることができなくなるという空気を私たちは感じたのである。

チョムスキーが指摘したのは、声明の冒頭部分、「ロシア軍は目的を達したとして、兵を首都キエフ方面から撤退させ、ドンバス東部に兵力を集中させている」という箇所だった。このような表現をそのまま発表してしまうと、批判攻撃を受け、大混乱になると予想されるということだった。アメリカの一般の意見では、ウクライナ軍が打撃を与えて、ロシア軍を後退させたというものが大半で、われわれの声明に賛同することになれば、ウクライナ軍の名誉を傷つけることになるとのことだった。私たちはチョムスキーから指摘を受けた文章を「ロシア軍は現在ドンバス東部に兵力を集中させている」と変えることとした。しかし、チョムスキーに改めて署名を求めることはしなかった。

日本の護憲派の意見広告

毎年五月三日は憲法記念日であり、日本の護憲平和勢力にとっては行動を起こす日となっている。毎年この日には、新聞各紙に全面意見広告が載る。旧べ平連系の「市民の意見30の会・東京」は二〇〇二年から毎年この日に意見広告を載せている。今年は「朝日新聞」の一一面に全面広告を出した。広告には「改憲させない！　私たちは非戦を選ぶ。」という見出しとともに文章を載せ、全国の賛同者名を掲載するスペースに「ころすな」という文字が浮かび上がるというデザインである。掲載した文章の冒頭は次の言葉からはじまっていた。

「ロシアによるウクライナへの軍事侵攻を許さない
国際法違反のロシア・プーチン政権によるウクライナへの軍事侵攻に強く抗議します。武器をもたない人びとの殺りくや、壊滅的な被害拡散を生む原発への攻撃など、残虐な戦争行為を決して許すことはできません。ロシアがウクライナから即時無条件撤退し、停戦を維持することを強く求めます。」

「参院選で非戦の意思を示そう
ロシアは「自存自衛のため」と称して、ウクライナへの軍事侵攻を開始しました。かつて日本も同じ名目でアジア・太平洋戦争を引き起こし、多くの人びとを殺傷しました。その反省の上に立ち、政府が「自存自衛」を理由として他国へ軍事侵攻することを固く禁じたのが今ある憲法9条です。（中略）世界が武力対武力の構造へと後戻りする危険をはらむ今こそ、憲法を守り、その実現が平和をつくると私たちは考えます。」

残念ながら、この文言は説得的でない。ロシアのウクライナ侵攻が日本の大東亜戦争に等しいと言うのであれば、これを止めるためには戦争を続け、ロシアが降伏するまで追い込むしかない。現にウクライナの国民は国土防衛戦争に総動員され、総決起している。日本のわれわれも、ウクライナの勝利を願い、あらゆる手段で応援するということになる。そうなれば、岸田首相の「ウクライナは明日の東アジアかもしれない」という言葉をはねかえせない。自分たちの地域でも侵略をはねかえす戦争の準備をしようということになる。ウクライナ戦争を停止させようと言わなければ、自分たちの地域にも戦争が広まることを許すなと言えなくなる。

この広告が掲載された裏面には、共産党系の全労連が中心となっている「戦争をする国づくりストップ！　憲法を守り・いかす共同センター」の全面意見広告「憲法施行75年「二度と戦争をしない」約束をいかしたい　いまだから、これからも」がのっている。そこには次のように書かれていた。

「憲法の平和主義って――日本は二度と戦争をおこさない、という主権者の宣言です。ふたたび他国を攻めない、若者を戦場に送らない、というみんなの総意です。

ウクライナの惨状とロシアの蛮行をみたいま、その声を世界に広げる努力を政府にせまる力にしましょう。」

残念なことに、この文章も論理が通っていない。日本人は憲法のもと戦争をしないという決意があるというならば、ウクライナの惨状、ロシアの蛮行をみれば、戦争をやめてくれと戦っている両当事者に言うほかない。そう言って、先に攻めたロシアを止める以外にない。だが、この広告の筆者は、「その声を世界に広げる努力を政府にせまる」ことをよびかける。では「その声」とは何なのか。何を政府に求めるのか。意味不明である。憲法九条は、国際紛争の解決のために武力による威嚇も、武力の行使もしないと規定している。これに従えば、国際紛争から発生した戦争に対しては即時停戦し、交渉して、平和を創れと言う以外の道はないのである。当然ながら、それを言う人の立つところはにらみ合う両軍の間である。平和憲法の道は途方もなく大変な道なのである。

若手研究者から受けた批判

五月一六日、マリウポリの陥落は最終的に決まった。アゾフスターリ製鉄所の地下に立てこもっていたウクライナ人部隊はロシア軍に投降し、市民たちも撤退した。しかし、このことはウクライナ戦争にとっていかなる転機も作り出さなかった。

私たちの主張は相変わらず日本のマスメディアではまったく無視されていたのだが、五月になって福田充氏（日本大学教授）が「即時停戦論は老人の時節外れの意見だ」と述べるということがあった。ウクライナ戦争の問題を世代論に換言して説明すると、安心して記事として取り上げることができると思ったのだろう、この後大新聞が取りあげるようになった。五月一八日に「毎日新聞」の金森崇之記者の記事が毎日デジタル版に掲載された。「長老たち「ロシアの言い分聞くべき」　若手専門家が猛反発」と題されていた。私たちが二回目に出した声明を紹介し、ツイッター上に流れている若手研究者らの批判が紹介されていた。中でも、「本当に許しがたい」とツイートした福田充氏のインタビューが載っていた。福田氏はこう述べている。

「ロシアにも言い分があるという考え方は、人道主義や自由、人権に対する感覚があまりに鈍感です。」

「言い分があるからと言って武力による現状変更をゆるしてしまったら、戦争はなくなりません。どんな理由があるにせよ、一般市民を殺すことは悪です。私たち若い世代の研究者は、もうその論理ではダメだと言っているのです。」

この記事が出る前の五月一一日の「朝日新聞」には、池田嘉郎氏（東京大学准教授）の一面大のインタビュー記事「ロシア強権の歴史」が掲載されている。見出しは「革命や戦争の果て　人権より力の秩序　西欧思想とは遠く」という月並みなものだったが、もう一つの見出しは「民主化への挑戦　枯れぬ地下水脈　侵略反対の声に」で、なんとかバランスがとれていた。しかし、最後に中島鉄郎記者が「東大名誉教授の和田春樹さんらロシア史研究者の有志が3月15日に声明を出しました。」と質問すると、池田氏は私たちの最初の声明について次のように述べた。

「侵略した国と侵略された国の双方に戦闘停止を求め、日本政府に中国、インドと共に停戦交渉の仲介をせよという内容でした。私の考えは違って、戦闘停止や撤兵は侵略したロシアに向けて言うべきだと思いました。」

「和田先生の声明は、戦後日本の平和運動の経験を踏まえたものでしょう。他方私はリベラルデモクラシーが危機にあるという認識に立っています。『外』ではロシアや中国といった権威主義的な国が存在感を増し、『内』では分断を背景にポピュリズムが台頭しています。民主主義体制の堅持が重要だという観点に立てば、欧米諸国とともにウクライナを支援する日本政府の選択は妥当でしょう。」

池田氏と福田氏の意見は似通っている。意見の違いを世代の差で捉えていることも共通である。だが、池田氏はかつて私のゼミで学んでいた人だ。その池田氏が民主主義体制が危機にあるからだとして、日本政府のウクライナ支援の立場を支持すると述べている記事を読んで私は、茫然とした気分になった。

六月三〇日、前に取材をしてくれた金森記者による記事が「毎日新聞」本紙に掲載された。「即時停戦か、自衛のため抗戦か――ウクライナ侵攻　ＳＮＳで専門家論争」との見出しが付けられていた。記事には、私と福田氏の写真を載せ、それぞれの意見を紹介してくれた。私の意見が大新聞の紙面に掲載されたのはこれが最初であった。

ウクライナと中国への懸念が示されたクワッド会議

二〇二二年五月二四日、東京で日米豪印四ヵ国（ＱＵＡＤ）首脳会合が開かれた。アメリカのバイデン大統領、インドのモディ首相、オーストラリアのアンソニー・アルバニージ首相と岸田首相が出席して、「地域情勢・国際情勢に関する率直な意見交換」が行われた。この会議自体はそれほどミリタントな調子のものではなかった。しかし、この会議に先立って、バイデン大統領は韓国を訪問し、尹錫悦《ユンソンニョル》大統領と会談し、北朝鮮への備えについて意見を調整し、米韓の軍事演習の実施を取り決めた。

韓国訪問の後、バイデン大統領は日本へ来て、五月二三日に日米首脳会談が開かれた。岸田首相はバイデン大統領に対して、防衛力の抜本的強化のために、防衛費の「相当な増額」を確保すると誓い、自衛目的で敵のミサイル発射基地などを破壊する「反撃能力」を保有することを検討すると表明した。この「反撃能力」は「敵基地攻撃能力」と言われてきたものをさすがに穏やかに言い換えたのだが、それが当面ミサイルを連発している北朝鮮を敵として念頭に置いていることは明らかだった。

会談の中で、中国についてどのような話し合いが行われたのかは明らかにされなかったが、岸田首相は、「『自由で開かれたインド太平洋の実現』、自由で開かれたルールに基づく国際秩序の構築に日米は不退転の決意で取り組む」と表明した。中国包囲網の組織を目指すということである。そしてバイデン大統領は記者会見で、「中国が台湾に侵攻した場合、台湾を守るためにアメリカは軍事的に関与する意思があるか」との質問が出ると「イエス、それが我々の責任だ」と答えた。アメリカの歴代政権はこの点を曖昧にしてきたのだが、バイデンが日本においてこのように確言したのは、その時は日本も共に行動するのだと暗示をかけたものである。

両首脳は共同声明の冒頭、ウクライナ戦争を念頭に置き、「ロシアの行動を非難し、ロシアがその残虐行為の責任を負うことを求めた。両首脳は、ウクライナの主権及び領土一体性に対する支持を改めて確認した。（中略）ロシアに長期的な経済的コストを課すために志を同じくする国々と共にとる金融制裁、輸出管理及びその他の措置を含む制裁を通じて、ロシアの侵略に対処する中でウクライナの人々との連帯を表明した。」と述べた。

市民への講演会で声明への自信を深める

ロシア軍はルガンスク州の完全制圧を目指して戦闘を続けていた。二〇二二年五月末になると、最後に残された州都セヴェロドネツクの陥落に注力していた。それに対し、ウクライナ軍は南部ヘルソン州でロシア軍を押し戻そうと、挑戦し続けていた。

その頃、私は思いがけないところから、講演の依頼を受けた。町田市の運動団体からであったが、町田平和委員会と日朝協会町田支部が事務局団体となって、町田市で運動している方々二〇人近くが連名で会を呼び掛けているとのことであった。その中には共産党の町田市議会議員の名前もあるので、この人々の立場を私はすぐさま理解した。連絡してき

2022年５月29日に町田市民文学館で開かれた緊急学習会のチラシ。

た人は「戦争の終結へ。ロシア・ウクライナ問題を考える」という緊急学習会の講師を頼みたいと言った。私は喜んで引き受けた。

五月二九日、町田市民文学館ことばらんどという施設に向かうと、四〇人ほどの人が集まっていた。主催者の方が私の紹介をしてくれたが、私の書いた本も注意深く読んでいただいているので、本当に嬉しかった。私は張り切って、ウクライナ戦争即時停戦論を提唱した理由からはじめて、この主張に対する反響まで、余すところなく話した。その場の聴衆の反応は申し分ないものであった。私は私たちの主張に自信を持った。

第三の声明と国連事務総長への書簡

バイデン大統領は「ニューヨーク・タイムズ」（五月三一日）に寄稿して、「この戦争は外交を通じてのみ終結する」と述べた（「朝日新聞」六月二日）。しかし、停戦に向かうそぶりはまったく見せなかった。

六月に入って、アメリカがウクライナ軍に高機動ロケット砲システム（ＨＩＭＡＲＳ）四基を提供したことが知られた。これは六連発のロケット砲であり、きわめて強力な兵器である。ウクライナ側は「ＨＩＭＡＲＳ」をより多く提供して欲しいと要求し、八月一日までに約束された一六基すべてを獲得した。これはロシア軍に脅威となった。

ちょうどその頃、「ＡＥＲＡ」の記者から連絡があり、田中優子氏と対談して、ウクライナ停戦論を語って欲しいと依頼があった。私は田中氏にお目にかかったことがなかったのだが、「毎日新聞」のコラムはいつも拝読していたこともあり、喜んで対談をさせてもらうと返事した。

田中優子氏と私の対談は、「和田春樹×田中優子　ウクライナ侵攻は『まず停戦』」という内容で六月一三日号に載った。これはまことにありがたい記事だった。田中氏の言葉はまことに鋭く、私は感銘をうけた。最後に田中氏は言った。「戦争や暴力という行為が絶対悪なのであって、誰が、どこの国がやろうと戦争や暴力は悪であり、止めなければならないはず。」「そのためにも『地球がどういう状況になっているか』という現実を見つめてもらい、「地球の持続可能性を邪魔するモノは即、止める」という視点を持ってもらう努力も必要だと思います。」

田中氏にも私たちの声明に加わってもらえるのではないかと考えた。

六月一一日にメンバーが集まった。そこで国連事務総長に停戦仲介を訴えるべきだという意見が出て、その方向で努力することが決まった。この方向でイニシアティヴを発揮したのは岩波書店の社長を退任したばかりの岡本厚氏であった。岡本氏が書簡の原案を起草し、伊勢崎氏や羽場久美子氏の協力をえて、元国連事務次長明石康氏の助言をうけ、書簡を完成させた。岡本氏は韓国の同志の人々にもよびかけて、その支持もとりつけた。

私は日朝国交交渉二〇年検証会議の報告書を書き上げて、それを他のメンバーに校閲をしてくれるように頼み、出版社に渡す期限が迫っていたので、グテーレス事務総長宛ての書簡の起草や推敲にはほとんど参加できなかった。岡本氏は、検証会議にも協力してくれ、その上で大変ながんばりで書簡をまとめ上げてくれたのは立派であった。

二〇二二年六月二一日に書簡の正文ができあがり、署名を集め、七月七日、岡本厚、伊勢崎賢治、羽場久美子、和田春樹、南基正、李ヘヨンの六人が代表となり、国連本部に声明を送った。

グテーレス国連事務総長に書簡を送る

る。国際連合グテーレス事務総長宛ての日韓市民・研究者の公開書簡は次のようなものであ

２０２２年７月７日

国連事務総長として日夜平和のために働いておられることに敬意を表します。

またロシアの侵攻以来１００日を越えたウクライナ戦争に対して、事務総長として絶えず発言し、また4月に停戦の仲介に動かれたことに対しても、深い敬意をもっております。

私たちは、ウクライナにおける戦争とそれによってもたらされた人道危機を憂慮し、ロシア軍とウクライナ軍が現在地で戦闘行動を停止し、真剣に停戦会談を進めるよう訴えている日本および韓国の市民・研究者のグループです。

現在ウクライナ東部で激戦が展開されているほか、ウクライナのその他の地域も戦禍に晒され、日々おびただしい人命が失われております。私たちは、これ以上の殺戮と破壊が行われないように、いまこそ国連は停戦に向け動くべきだと考えます。まず、1日に１００名をはるかに越える兵士が亡くなり、無辜の市民が殺されているという悲惨な消耗戦の状況があります。そしていまならウクライナ・ロシアの双方が「負け

ていない」といえる状況があり、両軍ともに停戦する名目が立ち得る段階にいたったと思います。

これまで仲介の労をとってきたトルコ政府に加えて、イタリア政府が具体的な停戦案をまとめ、フランス政府も仲介役を担う意思を表明しています。一方、米政府は当初はロシアの弱体化を公言してきましたが、最近はプーチン政権打倒までは求めないとやや抑制的になり、バイデン大統領は、「ニューヨーク・タイムス」への寄稿（2022年5月31日）で「この戦争が明確に終わるのはつまるところ外交を通してのみである」と述べています。

いまロシアはより破壊的な兵器を投入しつつあり、対抗してウクライナにも米欧からより破壊的な兵器が供給されようとしています。いま止めなければ、殺戮と破壊がはるかに巨大になり、憎悪と復讐心の止めどがなくなります。ロシアによる核兵器の使用や世界戦争への拡大の可能性も依然高いと考えます。世界的な食糧難、深刻な飢餓もこの戦争をきっかけに生じつつあります。

いうまでもなく、停戦は講和ではありません。まず武器を置き、双方の間に非武装地帯を設定し、殺戮と破壊を中止することです。国連および国際社会はまずこの停戦を実現すべきです。そして停戦した後に協議、交渉を始め、講和に進んでいくのですが、ここでもより公正な条件を作り出すよう、国連および国際社会は双方の間に入る必要があります。また停戦を維持するために、国際的な監視団の現地派遣も必要になるでしょう。

人類は戦争を引き起こすたびに、二度とそれを繰り返さないことを誓い、それがまた崩されて戦争してしまうという辛い歴史を歩んできました。第一次世界大戦の後には国際連盟の設立、不戦条約締結、第二次世界大戦の後には国際連合が設立されました。核兵器が向き合う冷戦の時代にあっても、核不拡散条約（NPT）はじめ様々な核管理、核軍縮条約が結ばれ、相互信頼醸成措置などが取られてきました。残酷な戦争（朝鮮戦争、ベトナム戦争、湾岸戦争、アフガン戦争、イラク戦争など）の現実によって何度も希望を打ち砕かれながらも、希望を捨てることなく、戦争防止、不戦に向けて人類は進んできたと思います。人間の安全保障という概念も生まれています。国連は、消されかけた希望の灯を守りともし続けた先頭にいます。

私たちは、事務総長の発言に共感し、事務総長の停戦仲介の動きに励まされ、そして次の行動に期待しています。日本および韓国の世論を停戦に向けて動かしていきたいと考えています。

日本側の署名者は、明石康氏、田中優子氏ら五一人と二団体（日本カトリック正義と平和協議会と日本国際ボランティアセンター）、韓国側の署名者は白楽晴氏ら五一人と二団体であった。日本側の署名者にはあらたに佐藤学、桜井國俊、山城博治の各氏ら沖縄の人々が参加してくれたのが特徴であった。日本と韓国以外ではギャヴァン・マッコーマック氏ら二、三人が参加してくれただけだった。

この書簡についてはのちに八月二日、外国人記者クラブで会見を行い、伊勢崎、羽場両氏とともに私が出席した。この書簡への賛同署名を「Change.org」というオンライン署名サイトによって集めた。一ヵ月で五一三人の署名が寄せられた。

しかし、グテーレス事務総長からはいかなる反応も伝えられなかった。

ドイツで起きた声明を巡る対立

日本の第三文書が出るのと、時を同じくして、ドイツでも、六月二九日に第三の声明が出た。週刊「ディー・ツァイト」二七号上に載った「Waffenstillstand jetzt（今こそ停戦を）」という声明である。

署名者は二一人で、ヤーコブ・アウグシュタイン（評論家）、リチャード・フォーク（国際法学者）、ズヴェニヤ・フラスペーラー（哲学者）、トーマス・グラウベン（農業経済学者）、ヨゼフ・ハスリンゲル（作家）、エリザ・ホーフェン（刑法学）、アレグザンデル・クルーゲ（映画製作者）、クリストフ・メンケ（哲学者）、ヴォルフガング・メルケル（政治学者）、ユリアン・ニーダ＝リュメリン（哲学者）、ロベルト・プファレル（哲学）、リハルド・プレヒト（哲学）、ジェフリー・サックス（経済学者）、ミハエル・フォン・シューレンブルク（元国連外交官）、エドガー・ゼルゲ（俳優）、イリヤ・トロヤーノフ（作家）、エーリヒ・ファド（将軍、メルケル首相協力者）、ヨハンネス・ファーヴィク（国際政治学者）、ハラルド・ヴェルツェル（社会心理学者）、ランガ・ヨーゲンシュヴァール（学術ジャーナリスト）、ユーリー・ゼー（作家）である。このうち八人は四月にショルツ首相宛ての公開書簡に加わった人である。今度は米国で声を上げているコロンビア大学のサックスとプリンストン大学のリチャード・フォークが加わり、独米共同行動になっている。この声明についても紹介しよう。

「ヨーロッパは大陸に平和を再確立し、それを永続的に保障しなければなりません。それには戦争をできる限り早くやめるための戦略を開発する必要があります。」

「ウクライナは強力な経済制裁と欧米からの軍事支援のおかげでロシアの野蛮な攻撃戦争から防衛することができています。この方策が継続すればするほど、どのような戦争目的がそれらの措置と結びつけられているのか、はっきりしなくなります。ドネツクとルハンスク州及びクリミアの占領された領域すべての奪還と結びついたウクライナの勝利は軍事専門家のあいだでは非現実的だと見られています。なぜならロシアは軍事的には勝っているし、さらなる軍事的エスカレーションの能力を所有しているからです。

ウクライナを軍事的に支えている西側諸国は、今や自分たちはいかなる目的を正確に追求するのか、武器の供与について正しい道があるのかを問わなければなりません。ロシアに対するウクライナの完全勝利という目的をもって戦争を遂行することは、リアリスティックでないとみえる目的のために死んでいく数千の戦争犠牲者をだすことを意味します。

戦争の結果はもはやウクライナに限定されません。その遂行は全世界に大量の人道的、経済的、エコロジー的苦境をひきおこします。アフリカでは数百万の人間の命を失わせる飢餓の破局が迫っています。急速な物価の上昇、エネルギーと食物の不足が多くの国ですでに政情不安を導いています。肥料不足は、戦争が収穫期まで続けば、グローバルに影響をおよぼすでしょう。」

「西欧はロシアのウクライナ侵略とさらなる復讐主義的要求に一致して対抗しなければ

ばなりません。しかし、ウクライナの戦争の継続は問題の解決ではありません。ロシアの飛び地カリーニングラードへの鉄道トランジットをめぐる現実的事件、すなわち核武器を使用できるロケットシステムをベラルーシに渡すというプーチンの発表は、エスカレーションの危険が増していることを示しています。西欧は、双方がすみやかな交渉解決にいたるように全力をつくさなければなりません。西欧だけが一年にわたる消耗戦、その致命的な地域的、グローバル的結果、また核兵器の使用にまでいたりうる軍事的エスカレーションを妨げることができるのです。」

「交渉は、何度もうけとられたように、ウクライナに降伏を命じることを意味しません。それはプーチン流の命じられた和平を与えるものではないのです。」

この声明に対し、七月、ウクライナのキーウ・モヒラ・アカデミー助教授アンドレアス・ウムランドが反論した。彼は一九六七年生のドイツ人ロシア研究者で、日本の新聞にも寄稿している。反論声明には八三人のヨーロッパやアメリカのウクライナの学者が連署した。

ウムランドの反論は、六月二九日の声明の署名者二一人の中には、「ロシアとウクライナ関係に関心を持った人が一人も入っていない」という指摘から始まっていた。専門外の人が関心を抱いてくれることはよいことだが、どうしてロシア、ウクライナの専門家が一人もいないのかと批判する。そして約四ヵ月も続いているこの戦争について理解していない声明になっていると指摘した。さらにウクライナへの武器の提供を抑制すれば、ロシアとの生産的な交渉が可能になるという間違った考えに立っているとも反論した。

ウムランドはさらに厳しく反論し、「ロシア帝国主義を封じ込めるのにまったく不十分な提案だ。この人々はロシアの「イゾリャーツィヤ」（拷問監獄）のことは何も知らない」、さらに、「「ディー・ツァイト」紙のアピール“A Ceasefire Now”の署名者たちは西欧に、何度も通った同じ道をもう一度歩め（中略）、屈服せよ勧めているのだ。二〇二二年二月二四日以前に何度も利き目がなかったものがいま解決策になるはずがない。この逆説的テーゼはメディアの介在と署名者の肩書によってもっともらしく見えるようになっているだけだ。」と非難した。

反論声明の反響が広がり、SNS上では「Heavy Weapons Now!」というハッシュタグが付されたコメントが多く出た。さらに「maximum sanctions《ママ》（最大の制裁を）」とも付け加えられている。メルニク駐独ウクライナ大使は「似非知識人の役立たず」とツイッターで罵った。

第7章　戦争の渦中で起きたテロルという衝撃

安倍晋三元首相の死

二〇二二年七月八日、日本を震撼させる事件が起こった。安倍晋三元首相が奈良市の大和西大寺の駅頭で参議院議員選挙の応援演説中、統一教会信者の息子である元自衛隊員の青年に手製銃で狙撃され、絶命したのである。

安倍氏が二〇〇六年に最初に自民党総裁になったときに、私は『世界』一〇月号に、「拝啓　安倍晋三様」と呼びかける一文を草したことがあった。その末尾で、「第一に、安倍さんは、総理におなりになったら、村山談話を堅持すると誓約されますか」、「第二に、(中略) 慰安婦問題での河野談話を堅持され、歴代総理が署名された慰安婦被害者に対する「お詫びの手紙」の精神を継承されますか」、「第三に、(中略) 日朝平壌宣言を堅持されますか」と問いかけた。

安倍氏は、「河野談話」(一九九三年) と「村山談話」(一九九五年) を継承する姿勢を示したものの、北朝鮮に対しては、拉致被害者八人の死亡を認めない、彼らを日本に返せと要求して、二〇〇二年に交わされた「日朝平壌宣言」を事実上破棄した。植民地支配によって苦痛と損害を北朝鮮に与えたことを謝罪しないとの態度を固め、その上で北朝鮮を嘘つきだと決めつけ、交渉を決裂させ、敵対行動を開始したのである。たのである。この安倍氏の北朝鮮対決宣言によって、それまで行われてきた日朝交渉、日朝国交正常化の努力が完全に破壊されてしまったのであった。

安倍氏が銃弾に倒れたその時期は、私は決裂してしまった日朝関係の経過を解明した新書『日朝交渉30年史』（ちくま新書）を書き上げ、いよいよ出版の過程に入ったところであった。

このように私は十数年来安倍氏の韓国、北朝鮮に対する路線を批判し、その路線の転轍《てんてつ》の必要性を説き続けてきた者であるので、孤独な青年の怨みのこもった銃弾を受けて安倍氏がこの世から去ってしまったことは到底納得できなかった。そして自分たちがこれまで主張し続けてきたことの意味、行動してきたことの意味について、改めて考えざるを得なかった。

しばらくそんな日々を過ごしていたところ、知人のロシア音楽史の専門家、一柳富美子氏から依頼を受けていた七月一六日の日本音楽学会東日本支部例会シンポジウム「戦争と音楽」での講演が迫ってきた。ウクライナ戦争のさなか、ロシアの作曲家の作品を演奏することを拒まれている音楽家たちに向けて私は何を語るべきか、そしてそれがどういう意味を持つのか、私は悩んだ。あれこれと考えているときに、旧ソ連の詩人オリガ・ベルゴーリツ（一九一〇〜七五）の書簡集を読んだ。すると、目が大きく開かれるような新しい

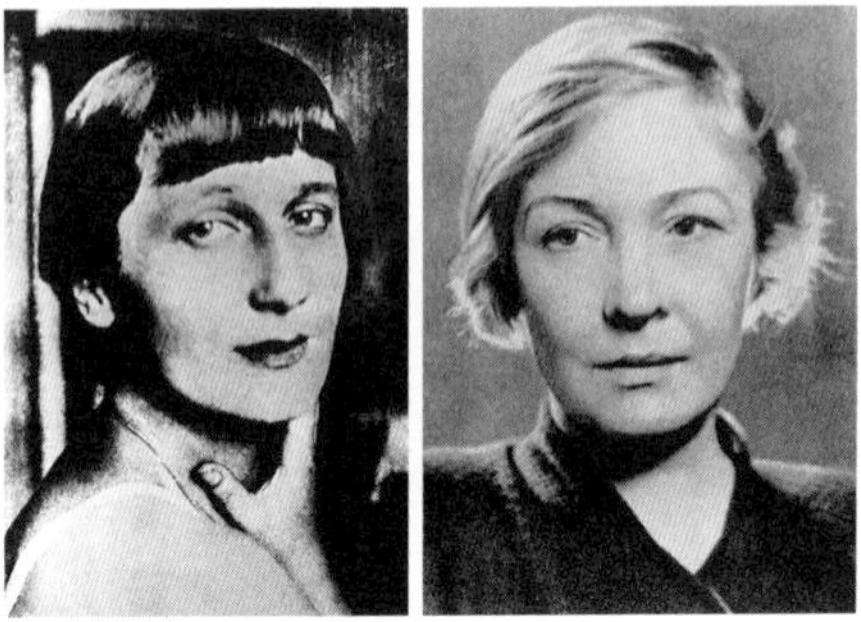

レニングラードの詩人、オリガ・ベルゴーリッツ（1910–75）（右）とアンナ・アフマートヴァ（1889–1966）。

発見を得、講演の話の中に盛り込んだ。その結びを紹介したい。

「私は起こっている戦争に直面したら、取りうる基本的な態度は、戦争を拡大させないようにし、戦っている当事者に即時停戦を求めるという態度しかないと考えます。これが人間として取りうる最もファンダメンタルな態度です。最も自然な態度です。そうでないとすると、不正義の側について、あらゆる方法で応援して、戦っている正義の側を打ち破る、敗北させる、降伏させる道に立つことです。中間的な道はありません。

最近ロシアから届いた詩人オリガ・ベルゴーリッツの日記、『私の日記　1941～1971年』を拾い読みして、その中に収録された次の個所にぶつかりました。彼女はドイツ軍に包囲されたレニングラードで放送局のマイクの前に座り続け、市民に詩を語って聞かせ、爆撃と飢餓に耐え抜くように市民を励まし続けた人として有名です。

一九四一年九月二四日の詩人オリガ・ベルゴーリッツの日記の一節です。この日、ドイツ軍の空襲で、ゴスチンヌイ・ドヴォール（中央商店街）にあった「ソヴィエト作家」出版社が爆撃を受け、ほぼ全社員が死んだというニュースが市内に広まりました。タイピスト一人が無事であっただけでした。午後にベルゴーリッツはレニングラードの代表的な詩人アンナ・アフマートヴァのところを訪ねます。アフマートヴァも「ソヴィエト作家」出版社の編集者ターニャ・グレーヴィチが死んだことで泣いていました。そして次のように語ります。

「私はヒトラーが憎い。私はスターリンが憎い。私はレニングラードとベルリンに爆弾を落とす者たちが憎い。この恥ずべき、恐ろしい戦争をやるすべての者が憎い。」

その言葉を聞いたベルゴーリッツは、考えます。

「正しい、正しい。唯一正しい呼びかけは、「Brataites'」だ。戦わず、兄弟のように交われだ。ヒトラー、スターリン、チャーチルに反対する、どの政府にも反対だ、われわれはもう戦わない。ドイツも、ロシアもいらない。働く者たちは分かれて住み、落ち着いている。祖国も、政府もいらない。自分たちで生きていくんだ。」

しかし、このような考えに反論があるだろうとオリガは考えました。

「だが、「Brataites」と叫ぶことは不可能だ。」どうなるかと言えば、「ドイツ人たちを撃退しなければならない。ファシズムを撃滅しなければならない。戦争を終わらせれば、そのあとで自分の国の中もすっかり変えることができる。」そう言われるだろう。

だが、オリガは言い切ります。

「こういう教えはすべてたわごとだ。それがもたらすものはただ血、血、血だけだ。」

ここには最も原理的な、最も根本的な、最も人間的な声、叫びがあるように思います。アンナ・アフマートヴァは息子をスターリンのラーゲリ（収容所）に奪われた人でした。ベルゴーリッツは夫をスターリンによって殺され、自分もラーゲリから戻った人でした。二人はヒトラー軍に包囲されたレニングラード市民の闘いのただ中にいて、戦争に反対し、戦うことに反対しています。そしてオリガは〝ブラターイチェシ〟と叫んでいます。

動詞としての「ブラターツァ（братaться）」と名詞としての「братание（ブラターニエ）」は、第一次世界戦争の中でロシア兵士が創り出した、戦場での反戦平和の行動を表す言葉です。ロシア語で「兄弟」を意味する「brat」からできた言葉です。「塹壕を出て戦わないで兄弟のように敵兵と交われ」という意味です。即時停戦を呼び掛ける気持ちと通底するものがあります。

戦争に対して音楽が立ち向かうというのも同じです。レニングラードでは、一九四二年八月九日、ショスタコーヴィチの交響曲第七番が初演されたことはよく知られています。その曲が訴えているのは、ファシズムに対する勝利ではなく、戦争の克服であったのだと思います。

私は戦争に対する音楽が占める場所は塹壕《ざんごう》と塹壕の間であり、その叫びはまさに

「brataites'」の呼びかけであると思います。アフマートヴァとオリガ・ベルゴーリッの日記に書かれた言葉は今日の私たちにとってまさに現実的な言葉です。」

音楽家に向けた講演を無事に終え、私はウクライナ戦争に直面し、ますます「絶対不戦」の姿勢を固めていた。

専門家たちとの意見の対立

七月二八日、ＮＨＫ国際ニュースナビのサイトに和平派の代表として私の記事が掲載された。そして正義派の代表として防衛研究所の山添博史氏が登場して、自身の主張を語った。この記事は、国際部の北井元気記者によるもので、丁寧に取材をしてくれ、ありがたかった。ウクライナ戦争が始まってからたびたび取材を受けていたが、このＮＨＫの取材が最も時間をかけてくれた取材だった。私は北井記者にこのように話した。

「停戦をするということは絶対的な前提で、正義、幸福、平和は停戦して初めて追求できるのです。停戦の際に正義を実現することは非常に難しいですが、その後のそれぞれの国の市民の努力によって実現できると信じるべきだと考えます。停戦というのは、その正義に至るプロセスです。

歴史の中で多くの戦争を見てきましたが、戦争が続けば続くほど、多くの人が死に、生活と記憶と文化が破壊されます。戦争が起こらないようにするのが一番ですが、起こったらすぐに止めて、そのあとは話し合いをして、回復のための努力をする。気の遠くなるような話ですが、戦争を続けるよりそのほうがよいのです。」

「しかし、今度の戦争が契機になって、プーチン大統領を退陣させなければならなくなるのであれば、プーチン大統領に責任をとらせるのはロシア人であるべきです。

今回の戦争が起こるまでに問題があったことは間違いありません。ロシアに言い分があってそれが正しいということではありません。ソ連という国に変化が起こり、新しい体制が生まれ、ウクライナが独立し、そこに新しい問題があったということです。

３５０年以上、今のロシアとウクライナの相当な部分が１つの国であったものが、２つに分かれたのです。その間にある問題をどう処理していくかについては慎重な態度が必要でした。」

山添氏は自身の立場を次のように語った。

「日本も力による現状変更を許容できない立場にあり、非常に重要な話です。もしロシアのような目立つ国が、他国の主権のもとにある権利を力ずくで奪っても罰されないことになると、他の国も不当な力の行使をしても成功するという誤った考えを促進してしまいます。

例を挙げれば、先日も日本の領土の尖閣諸島に対する中国船の接近がありました。中国は尖閣諸島が中国領であると主張していますが、合意を形成する努力ではなくて、海警局の船や海軍の艦艇を領海やその周辺に送り込んで力を行使する事によってその状況を変えようとしているように見えます。

ほかにも、北朝鮮の核・ミサイル開発、南シナ海における領有権問題、台湾海峡問題など、力によって現状を変更する恐れのある危険な状況は各地で見られます。

そのようなことを許容すれば、話し合いでは基本的な権利が守られず、力を持ったものがそれを奪って得をしてしまい、他者はそれに屈服して権利を差し出すか、より強い力を使えるように争うという、非常に危険な世界になってしまいます。

それでは現在のような経済活動が行える余地が大幅に小さくなり、日本にとってもちろん安全ではなく、コストがかかる世界です。できるかぎり力による現状変更が利益にならないよう、国際社会を運営していくべきです。」

山添氏の主張は岸田政権の考えと一致する。ウクライナ戦争は侵略者ロシアを撃退し、ウクライナが勝利するしかない、だからウクライナをあらゆる形で支援するというものだ。そして、東アジアでも侵略的行動が生じる恐れがあるので、日本もそれを許さないように備えなければならないというのである。一方、私の意見は、ウクライナ戦争を止めなければならず、戦争が私たちの地域にも拡大することは阻止しなくてはならない、そのためには平和外交の道を進むべきだというものである。ロシアを撃退するのか、戦争を止めるのか、どちらが現実的で有効なのか、その違いなのだ。

八月二日、アメリカのナンシー・ペロシ下院議長が台湾を訪問し、翌日、蔡英文総統と会談した。会談ではアメリカと台湾の団結が誇示された。それは政治的に危険なものであり、中国にとってみれば挑発的な行動であった。当然、中国はこの会談に敏感に反応し、八月四日から七日まで台湾周辺で大規模な軍事演習を実施した。その過程で石垣島近くの日本の排他的経済水域にミサイルを落下させた。台湾を巡る国際情勢が一段と緊迫感を帯びるにいたった。アメリカ下院議長の台湾訪問は、政治的には愚かな行動であったと言わざるを得ない。

八月一七日の「毎日新聞」に掲載された対論は私の目を引いた。それは対論「論点 戦争と平和 即時停戦は「正義」か?」と題されたものだった。私たちの仲間からはソ連・ロシアの政治外交史が専門の富田武氏が出ていた。富田氏は「早急な停戦と公正な(両成敗ではない)講和を目指す」と主張したが、この富田氏の発言は、私たちの間で意見が分かれ、新たな主張が現れていることを示す機会となった。富田氏は記事の中で次のように語った。

「会の内部に『即時停戦一本やりではロシアを利する』『戦争の行く末を見据えた公正な講和』を提示すべきだという意見が出た。」

「私たちは、国際的な反戦世論でウクライナの抵抗を支援して交渉のテーブルを設け、早急な停戦と公正な(両成敗ではない)講和を目指す。『年内に戦争を終わらせたい』とするウクライナのゼレンスキー大統領を支持し、少なくとも以下三点をロシアに求める。①無差別な破壊・殺りくの即時停止 ②占領地の『ロシア化』中止とロシア軍の侵攻開始前地点までの撤退 ③ロシア国内に移送したウクライナ国民の帰還(以下、省略)。」

富田氏は私たちの声明の即時停戦論に対する典型的な異論を抱くにいたったのである。

一方、北海道大学の岩下明裕氏はこの対論で私たちの声明を批判した。停戦を求める声明を出したのが「無意味とは思わない」と述べた後で、「問題は声明の中身だ」として、次のような否定的な意見を述べた。

「ロシアとウクライナ双方に停戦を呼び掛け、ウクライナの抵抗を否定すると受け取られかねない表現は疑問だった。市民団体が中国やインドという国家に和平の仲介を求めるのも、ずれていると感じた。特に国内での人権抑圧が著しい中国政府に呼びかけたのは不思議だ。むしろ市民として、世界中で国家の暴力にさらされている人々との連帯に力点を置くべきではなかったのか。」

挙句の果てに、岩下氏は次のように付け加えた。

「日本では『死者が一人でも増えないよう、ウクライナは今すぐ降伏せよ』との声さえ散見されてきた。その背景に、日本特有の戦争体験に基づく反戦意識を感じる。」

そして三人目の筆者は筑波大学の東野篤子氏であった。

この対論の記事が出る数日前の八月一二日の「朝日新聞」には、五年ほどコラムを担当した政治学者の豊永郁子氏（早稲田大学教授）の一面大の寄稿「ウクライナ 戦争と人権」が掲載された。「犠牲を問わぬ地上戦 国際秩序のため容認 正義はそこにあるか」と「個々人の命の重み 和平を望む声」という二つの見出しがつけられていた。豊永氏はゼレンスキー大統領の徹底抗戦論への懐疑を縷々述べ、欧州一〇ヵ国の世論調査で停戦を望む和平派が三五％で、正義派が二二％であったことを紹介し、「世論は総じて厭戦的だ」と断じている。これが豊永氏の心情を吐露したものであることはわかるし、私も驚きながらも共感した。だが解せないこともあった。それは、豊永氏がそう述べた後で「戦争による犠牲の拡大について道義的な疑念が広く存在することを忘れてはならない」との意見を述べたことだ。さらにプラハとパリは無血開城することで破壊を免れたと言いながら、二都市に訪れた暗い時代が終わったのは「自力でもたらし得たものではない」と記事のテーマとは関係がないようなことで文章を締めくくっている。せっかくの機会なのだから、豊永氏には最後まで一貫した意見を述べて欲しかった。

ところで、その日の「朝日新聞」の別の面には記者の連載リポート「ゆらぐ「平和」のかたち」が載っており、停戦論をめぐる意見が分かれていることが取り上げられている。

その中の一つの意見として私の意見も触れられている。私の立場は次のように要約されて、紹介されている。

「戦争が起きたら、すぐに止める。そう考えるのは幼い頃に空襲に遭い、防空壕でおびえた経験からだ。ベトナム戦争では地元の東京・練馬で抗議のビラをまき、反戦のうねりを実感した。今回はそんな気運を感じない。『昔と同じように戦争をやめろと言っているだけなのに通じない。世の中とのギャップを感じる』」

これでは何を主張しているのか、わからない。しかし、これが「朝日新聞」にウクライナ戦争についての私の意見が載った唯一の記事である。取材した記者は私の意見を紙面に出すのに精いっぱい努力してくれたようだった。

平壌会談の教訓

二〇二二年九月は私にとって特別な月であった。二〇年前の二〇〇二年九月一七日、小泉純一郎首相が平壌を訪問し、金正日委員長と会談を行い、拉致事件についての謝罪を受け、日朝平壌宣言に署名して、日朝国交正常化へ向かうことで合意したという画期的な出

小泉・金正日首脳会談20年に際し、2022年9月に出版した『日朝交渉30年史』（ちくま新書）

来事があったためだ。私は二〇二一年四月から日朝交渉三〇年を検証する作業を進めてきて、その成果報告書を『日朝交渉30年史』（ちくま新書）としてこの月に刊行した。書籍が刊行された後の九月六日、私たちは国会議員会館で報告会を開いた。

「安倍内閣の誕生とともに打ち出された拉致問題安倍三原則は、北朝鮮の現体制との交渉を断念して、この体制に圧力を加え、崩壊に追い込むための原則であったと考えられる。この意味で安倍晋三首相は佐藤勝巳氏の忠実なる弟子となったのである。市井の浪人たる佐藤勝巳がそのように考えることは自由だが、日本国の首相たる安倍晋三がそのように考えることはあまりに軽率、無責任で、危険な所業だと言わざるをえない。事実安倍三原則は日朝関係を完全な行き詰まりにいたらしめ、日本国家の政治外交の危機を招いたのである。」

「安倍首相が北朝鮮を敵視して、制裁を極限にまで高め、完全に関係を断絶すると宣言してから一五年がすぎた。北朝鮮は核兵器を持ち、ミサイルのレベルを上げている。われわれの安全、日本の平和はこの核兵器で武装した隣国との完全なる敵視、敵対の中に投げ込まれているのだ。安倍首相の国葬について国民の意見は分かれている。しかし、安倍氏の国葬が終わったら、岸田総理はブルーリボンのバッジを外して、その呪縛から自由になって、自分の頭で隣国との関係をどうするのか考えてみるべきではないのか。」

二〇二二年は日朝首脳会談から二〇年という節目の年であったため、新聞もテレビも回顧記事や記念の番組を制作していた。また、日朝国交促進国民協会も創立二二年を迎えた。しかし、私たちのその活動に目を向ける動きはどこからも現れなかった。

ウクライナ戦争の戦況はロシア軍の劣勢が伝えられた。九月一五日にはウクライナ軍がハルキウ（ハリコフ）州を奪還した、とくに同州最南端の要衝イジュームが奪還されたことが報じられた。

ロシア軍は兵力の損耗が甚だしく、兵力不足をカバーする措置をとることが議論されていたようだったが、九月二一日になって、ロシア政府は部分動員を発表した。軍務経験をもつ予備役三〇万人を召集することであったが、部分動員が発表されると、全国で強い反対デモが起こった。徴兵機関への攻撃も行われた。このような行動はただちに厳しく弾圧された。しかし、デモよりも、政府機関攻撃よりも深刻であったのが、多数の動員対象者が近隣諸国へ出国したことであった。その数は一〇万人にのぼると言われた。国民の中の反戦気分が想定以上に広がっていることが示された。

その中でプーチン政権は早々と九月の半ばからウクライナ領内の占領地区で併合のために住民のロシア帰属意思を確認する住民投票を行っていたが、九月二三日からはヘルソン州でも「住民投票」を始めたことが報じられた。九月二七日、ロシアのタス通信はウクライナの地での住民投票がおわった、暫定結果としてルガンスク、ドネツク、ザポロージェ、ヘルソンの四州とも「約九〇%が併合に賛成した」と発表した。これはプーチンが戦争を終えるための準備であると感じられた。

この九月からレニングラードの企業家で、「プーチンの料理人」と呼ばれていたプリゴージンが民間軍事会社ワグネルの創設者だと認め、東部の戦闘に参加していることを公言し、刑務所を回って、除隊後の恩赦を条件に志願兵を公然と募集し始めた。プーチンが兵力不足を解消しようとして始めた部分動員が抵抗を受ければ、ワグネルのような変則的な義勇兵に頼らざるを得なくなるのである。

他方で、日本では、九月二七日、安部元首相の国葬が行われた。岸田首相は胸にブルーリボンのバッジをつけて、遺影の前に立ち、安倍氏との最初の出会いを語るところからはじめた。

「何よりも、北朝鮮が日本国民を連れ去った拉致事件について、あなたはまだ議会に席を得るはるか前から強い憤りをもち、並々ならぬ正義感をもって関心を深めておられた姿を私は知っています。被害者の方々をついに連れ戻すことができなかったことは、さぞかし無念であったでしょう。私はあなたの遺志を継ぎ、一日千秋の思いで待つご家族のもとに、拉致被害者が帰ってくることができるよう、全力を尽くす所存です。」

岸田総理はこう述べて、自分が安倍氏の拉致政策、拉致三原則を継承することを満天下に宣言したのである。

新領土併合を主張するプーチン

プーチン大統領は九月三〇日、クレムリンで演説し、その冒頭で次のように宣言した。

「ご承知の通り、ドネツク人民共和国、ルガンスク人民共和国、ザポロージエ州、ヘルソン州で住民投票が実施された。総括が行われ、結果が判明した。人々は自ら選択を行った。明快な選択だ。今日われわれは、ドネツク・ルガンスク両人民共和国、ザポロージエ・ヘルソン両州をロシアに受け入れる条約に調印する。連邦議会が、新たな四つの知己をロシアに受け入れ、新たな四つの連邦構成主体を形成する憲法的法律を支持すると確信している。これは何百万もの人々の意思だからである。」

「ルガンスクとドネツク、ヘルソンとザポロージエに住む人々は、永遠にわれわれの国民となるのだ。われわれはキエフ政権に対し、砲撃を、すべての戦闘行動を、彼らが二〇一四年にすでに始めていた戦争を、直ちに止めて交渉のテーブルに戻るよう求める。われわれにはそのための準備ができている。このことは何度も言って来たところだ。だが、ドネツク、ルガンスク、ザポロージエ、ヘルソンにおける人民の選択については協議するつもりはない。そのことはすでになされた。ロシアはそれを裏切らない。」

この新領土の併合の宣言はすこぶる強引な政治的表明であった。プーチンは住民投票が行われたと述べているが、投票に参加した住民の数、投票の内訳、賛成、反対の比率は一切発表されない。しかも、四つの地域の領域も明確に示されていない。特にドネツク人民共和国については、ウクライナ支配地域とロシア軍占領地域は面積的には拮抗しているので、この併合宣言自体が併合希望目標の提示でしかないのである。

そう考えると、この宣言はロシアの対ウクライナ戦争の目的の提示であり、停戦協議の場で主張する領土要求を予め提起したものにほかならない。言い換えれば、このたびの戦争、ないし特殊な軍事行動において主張する最大限要求だということである。停戦協議の場でこれ以上の要求をだすことはなく、これから軍事的情勢によっては要求をこの線から切り下げることも暗示していると考えられる。この点で新ロシアの二州とドンバスの二人民共和国の併合が宣言されているわけだが、新ロシアの二州については親ロシア派権力の樹立がなく、ドンバスの二共和国と区別されている。つまり、こちらの二州は明らかに「削り代」だと意識されているともみえる。

この演説の主たる主張は、「西側」、つまりアメリカとヨーロッパに対する世界観的対決を宣言することで、ロシアの弱体化、崩壊、絶滅を目標としていると西側の「新植民地主義」体制を暴露、告発、追及したのである。その主張は厳しいものであった。

「彼らはわれわれに自由になって欲しいのではなく、われわれを植民地とみなしたいのだ。対等な協力ではなく略奪を、われわれを自由な社会ではなく、魂のない奴隷の集まりとみなしたいのだ。」

「一方のわれわれは、わが国こそが二〇世紀に反植民地運動を率いたことを誇りに思う。」

「アメリカは、世界で唯一、二回にわたって核兵器を使用し、広島と長崎を壊滅させた国だ。」

「アメリカがイギリス人とともに（中略）ドレスデン、ハンブルク、ケルンのほか、数々のドイツの都市を廃墟に変えた。（中略）軍事的必要性はなかった。目的はただ一つ、わが国そして全世界を威嚇することだった。」

「アメリカは、ナパーム弾と化学兵器で残虐な『絨毯爆撃』を行い、朝鮮半島とベトナムの人々の記憶に恐ろしい傷跡をのこした。」

「今日までドイツや日本、韓国、その他の国々を事実上占領し、その上で皮肉にも、こうした国々を対等な同盟国と呼んでいる。これはどんな同盟関係なのだろうか。こうした国の幹部が監視され、首脳の執務室だけでなく、住居にまで盗聴器を仕掛けられていることは、全世界が知っている。これが本当の恥辱だ。」

プーチンはグローバル・サウスの国々に同情を求め、アメリカと欧州諸国に圧力をかけ、ウクライナへの兵器の援助にブレーキをかけ、ウクライナを停戦協議に応じさせることを狙っている。このままいけば、米露戦争になるかもしれないぞとの威嚇である。

このプーチン演説に対抗して、ゼレンスキー大統領はプーチンの演説が行われた三〇日当日にNATOへの迅速な加盟承認を要請すると発表した。事実上NATO諸国と同盟関係にあるが、正式な構成員になりたいとしたのである。

国連安保理では、九月三〇日にアメリカや他のメンバーがロシアの主張するいかなる地位変更も認めないとの決議案を提出したが、ロシアが拒否権を行使して、否決された。中国、インド、ガボン、ブラジルの四ヵ国は棄権した。

一〇月五日、プーチン大統領はザポロージェ原子力発電所を国有化する大統領令に署名した。ここをロシア軍が死守すれば、ウクライナが奪還することはできなくなるぞと威嚇したものである。原発を巡って決戦することはできないからである。

ロシアの停戦交渉の呼びかけを拒否するウクライナの意思表示が一〇月八日に行われたクリミア大橋の爆破であった。これに対するロシアの反応は一〇日から始まった。ウクライナ全土の二〇ヵ所に八〇発もの猛烈なミサイル攻撃が加えられた。ウクライナ戦争のエスカレーション、拡大の恐れが現実のものになろうとしていた。

アメリカで停戦論議が起こる

このような状況で、アメリカとヨーロッパでは、事態を変えたいという動きが出てくるようになった。

一〇月一八日、アメリカ議会でマッカーシー共和党下院院内総務が、「我々は不況に向かっている。ウクライナのために白紙小切手をきることはない」と語った。この発言は共和党内の空気を代弁するものとして、注目された。いずれにしても、支援見直し論の皮切りであることに間違いなかった（「読売新聞」一〇月三一日、一一月一〇日、「朝日新聞」一一月八日）。

その三日後の二一日、ブリンケン国務長官はフランスの外相コロンナとの共同記者会見で次のように語った。「われわれは、きっかけがあれば、外交を進めるよう、どんな手段を使っても進めるよう、あらゆる手段を考えているし、今後も考えていく。」しかし、「プーチンが示すあらゆる兆候は、意味ある外交をやる気があるのとはほど遠い。」とも述べた。

すると、四日後の一〇月二五日には、イギリスの大手紙「ザ・ガーディアン」に米民主党下院議員三〇人が「交渉による解決と停戦」を外交的に求める努力をウクライナ軍事援助と併用せよという主張の意見書を大統領に提出したとの記事が載った。この動きの中心になっているアレクサンドリア・オカシオ＝コルテス氏は、民主党大統領候補選挙に出馬したプエルトリコ出身の民主社会主義者、ニューヨーク選出の下院議員で、意見書の内容は次のようなものである。

「この戦争がウクライナと世界にもたらした破壊と破局的エスカレーションの危険を前提にするとき、われわれはまた長引く衝突を避けることがウクライナと米国、そして世界のために必要だと信じます。この理由で、われわれは米国がウクライナに提供して来た軍事的、経済的支援に停戦（a ceasefire）のためのリアリスティックな枠組みを求める努力を倍増させる積極的外交努力を組み合わせるように促すものです。」

「交渉による解決と停戦」を外交的に求める意見書をバイデン大統領に提出したアレクサンドリア・オカシオ＝コルテス下院議員。

「自由で、独立したウクライナを維持しながら、戦争を終わらせる方途があるなら、あらゆる外交的手段を追求することはわれわれの責任であります。」

この意見書は一〇月二四日の夜にバイデン大統領に送られたが、翌二五日に公表されたものの、即日撤回された。おそらく、中間選挙を前にして、バイデン大統領を公然と批判するような行為は止めて欲しいというホワイトハウス側からの強い説得があったためであろう。自分たちの要望はバイデン大統領に伝わったと考えたオカシオ＝コルテスらは、意見書の撤回の要請に応じたものと思われる。

ここでウクライナ側から戦争終結への条件の提示がなされることになった。一〇月二七日、オレクシイ・アストレヴィチ大統領府顧問が、ロシアとの戦いにおける勝利の四条件について語り、①領土の全面解放、②戦争犯罪人の引渡し、③ロシアの賠償金支払い、④プーチン大統領の退任を挙げた。領土については、「一九九一年の独立時に国際的に承認された国境」の回復だとし、クリミア半島を取り戻すことを強調した。

一一月七日になると、今度はゼレンスキー大統領がビデオ演説を行い、ロシアとの「和平交渉」の前提として、①ウクライナの領土保全の回復、②国連憲章の尊重、③戦争による全損害の賠償、④すべての戦争犯罪人の処罰、⑤二度と（侵略）しない保証の五項目を挙げ、「ロシアを強制的に交渉の席に着かせることが重要だ」と述べた（「朝日新聞」一一月九日）。ウクライナにとってみれば、領土保全の回復がクリミア半島を取り戻すことであるのは言うまでもない。

これに対し、特筆すべきなのは、アメリカ軍制服組トップのミリー統合参謀本部議長が一一月九日にウクライナによる全領土回復の軍事的実現は無理であるとの認識を示した上で、ウクライナにロシアとの交渉解決を呼び掛けたことだ。その根拠の一つとしてミリーは、冬季に入ると気候条件の上でウクライナの反転攻勢が難しくなるということを挙げた。このミリーの発言は、アメリカとウクライナの関係を緊張させた。ホワイトハウスは、素早く火消しに走り、ジェイク・サリバン国家安全保障問題担当大統領補佐官は一一月一一日、記者団に対して四項目から成るアメリカ政府の基本方針を提示し、対ウクライナ戦略は変えない方針である旨を明らかにした。四項目とは、①交渉の時期や方法はウクライナが決める、②国連憲章に基づいた主権と領土の一体性回復、③力によるウクライナ併合を進める今のロシアを誠実な交渉相手とみなさない、④戦場でウクライナが優位に立てるよう、軍事支援を行う、というものである（吉田成之「東洋経済オンライン」二〇二二年一一月二二日）。

ところで一一月一一日になると、ロシア軍は、併合を宣言したはずのヘルソン州の州都ヘルソンを放棄し、ドニエプル右岸部分から撤退した。これは南ウクライナ（新ロシア）

の二州については、放棄もありうるということを示唆した行動とも見えたが、実のところはわからない。

その直後の一五日、G20サミットがインドネシアのバリ島で始まった。オンライン参加で演説したゼレンスキー大統領は、一〇項目から成る「ウクライナの提案」を提示した。


「第一は放射能と核の安全である。」

ロシアはザポリージャ原子力発電所の構内から全ての軍人を即時撤退させなければならない。ロシアに核兵器による威嚇を放棄するようにさせてほしい。

「第二の挑戦は食糧の安全保障である。」

国連やトルコなどの参加を得て食糧の輸出を可能にし、食糧が多くの人々の手に入るようにしたい。

「第三はエネルギーの安全保障である。」

ロシアがウクライナのエネルギー・インフラの四〇%を破壊した。ウクライナからの電力輸出も不可能にしようとしている。ロシアのミサイルとドローンを阻止する防衛兵器の提供を求める。

「第四の挑戦はすべての捕虜と強制連行被害者の解放である。」

「第五は国連憲章の実現とウクライナの領土の保全および世界秩序の再建である。」

われわれは国際法の有効性を侵略者への一切の妥協なしに再生しなければならない。

「第六の挑戦はロシア軍の撤退と敵対行為の停止である。」

ロシアはすべての軍隊と軍事装備をウクライナの領土から撤退させなければならない。ウクライナはロシアとの国境の全ての部分をコントロールできるようにならなければならない。

「第七は正義である。」

解放した国土のいたるところにロシアが残した拷問部屋と殺された人々の集団埋葬がみられる。ロシアのウクライナ侵略犯罪を裁く特別法廷と戦争がもたらした損害を補償する国際メカニズムを設立することを要求する。

「第八の挑戦は環境破壊、ただちに環境保護をおこなう必要性である。」

「第九はエスカレーションの防止である。」

これはウクライナの安全を保障するキーウ安保条約の締結を意味している。

「第一〇は戦争の終結の確認である。」

これは平和条約の調印を意味している。

これが後にウクライナによる一〇項目から成る「平和フォーミュラ」と呼ばれるものである。これらの提案は雑然としていて、あまり整理されていないものであったが、ウクライナの勝利、ロシアの降伏による戦争の終結としての、和平の提案であったことに間違いはない。しかし、提案が出されたその時は世界に対してあまり大きな印象を与えることはなかった。シンガポールの大手紙「ザ・ストレーツ・タイムズ」だけが報道した程度で、日本のメディアは完全に無視したのであった。

第8章　停戦実現に向けた提言——朝鮮戦争での事例から考える

停戦について考える日々

即時停戦を呼び掛ける声明を早くから出した私は、停戦がどのようにして実現されるかについて当初から考えていた。私は朝鮮戦争について岩波書店から二冊の研究書を出したこともあったので、この戦争の停戦までの過程が頭に入っていた。

二〇二一年七月に防衛省防衛研究所の研究官千々和泰明氏による『戦争はいかに終結したか』（中公新書）が刊行されると、さっそく読んだが、参考文献に私の著書が挙げられていたものの、朝鮮戦争の停戦過程の論点にこの著者は関心を向けていないことがわかり、失望した。だから、ウクライナ戦争が始まって半年が経過した八月、「朝日新聞」に千々和氏の一面大のインタビューが載ったのを見ても、特段関心を持たなかった。ところが、一〇月五日、千々和氏のこの本が石橋湛山賞を受賞したと知り、驚いてしまった。それ以降、新聞の社説でも、テレビの解説でも、停戦について触れるときには、千々和氏の本を引き合いにすることが一般的に見られるようになった。

ともあれ、このテーマで書かれた本はほぼ皆無なので、千々和氏の本を手掛かりに停戦への道を考えるのは自然な手続きと言えるだろう。

千々和泰明『戦争はいかに終結したか』を読む

千々和氏は日本には戦争終結研究が欠如していると断定し、アメリカとヨーロッパでの研究史を説明している。一九一六年にフィリップソンの「解説」的な研究書が出た後、第二次世界大戦中の一九四四年にキャラハンが歴史的な事例に照らした研究を行い、ベトナム戦争中の一九七一年には、フレッド・イクレの記念碑的著作『紛争終結の理論』（日本国際問題研究所、一九七四年）が世に出ていると述べている。

そしてその後に現れた多くの研究の中で、千々和氏は「権力政治的アプローチ」（勝つか負けるか）を採用する研究と、「合理的選択論的アプローチ」（続けるのが得か止めるのが得か）を採用する研究があるとし、整理した上で千々和氏は自分の研究を進めるとしている。そして千々和氏は、「戦争終結を主導する優勢勢力側が、交戦相手とのあいだでどのように戦争を終結させるか」と問題を設定して、「二つの選択のあいだで板挟みになる」、「それは交戦相手とのあいだで、「紛争原因の根本的解決」をとるか、「妥協的和平」をとるか、というジレンマである」との答えを導くのである。

「戦争終結に際して、「紛争原因の根本的解決」を望むと『現在の犠牲』が増大し、

「妥協的和平」を求めれば「将来の危険」が残る。このトレードオフ（二律背反）に着目するのが、戦争締結をめぐる「紛争原因の根本的解決と妥協的和平のジレンマ」である。」（千々和前掲書、一五頁）

本書の内容は、このジレンマを語ることに尽きており、メディアでの紹介もこのくだりに言及するばかりであった。しかし、こうしたジレンマは当たり前に起こることであって、停戦という現象を深く掘り下げる手掛かりにならない。

さらに千々和氏は、二〇世紀の主要な戦争の終結について、第一次世界大戦、第二次世界大戦、朝鮮戦争、ベトナム戦争、湾岸戦争・アフガニスタン戦争・イラク戦争を例にしながら論述し、これらの戦争の終わり方を、先のジレンマ論で考察している。

ただ、それらの考察から得るものは乏しいものであった。そもそも、「世界戦争」と「そうでない（世界戦争ではない）戦争」、「地域的な戦争」と「二国間で起きる戦争」は事情が全く異なるので、区別して考えなければならない。「世界戦争」には、一方の勝利、他方の敗北、降伏という帰結以外の終わり方はないのである。妥協的な戦争終結、停戦による戦争終結が生じるのは、地域的な戦争と二国間の戦争である。だから、ウクライナ戦争の終わり方を考える場合には、世界戦争を引き合いに出すのでなく、地域的な戦争、二国間の戦争を引き合いに出さなければ意味がないのである。

千々和氏は「戦争終結には、常にこれが正解というものはない」と述べており、そして、朝鮮戦争については次のように述べている。

「朝鮮休戦協定を結ぶことで結果的にのちの世代が緊張の持続を抱え込み、北朝鮮の核兵器の脅威にさらされ続けるべきだったのか、それとも朝鮮戦争当時の世代が「現在の犠牲」を払ってでも「紛争原因の根本的解決」を図るべきだったのかは、今のところ答えのない問いである。」（前掲書、二六三〜二六四頁）

朝鮮戦争が停戦協定締結で終わってから、すでに七〇年以上、この民族はなお軍事境界線をはさんで厳しい軍事的対峙状況にある。千々和氏の弁は、この朝鮮民族の悲劇から顔を背ける人の無情な言葉である。要するに、千々和氏は、戦争をしている主体は簡単に停戦してはならないと言いたいようである。

そもそも、千々和氏がこのようなジレンマ論を思いついたのは、湾岸戦争を終結させた際のアメリカ軍と多国籍軍の決定の評価を巡る論争に注目したからだと考えられる。千々和氏は本書の中で、当時のブッシュ政権がフセインの軍隊をクウェートから撃退したところで戦争を終わらせたのを、括弧つきだが、「拙速」な決定だったとし、「フセイン体制転覆の絶好の機会」を逃し、「中東からはある種の不気味さが醸し出され続けることになる」と断言している。

戦争を始めたら、戦争に勝利するまで、戦争を続けよ、と言っているに等しい好戦の書がウクライナ戦争の中で石橋湛山賞を与えられるというのはやはり驚くしかない。ウクライナとアメリカ、イギリス、NATO側は勝利するまで戦争するしかない、ウクライナ戦争は停戦には向かわない、まだまだ続けられるだろう、と言っているテレビの解説者たちにとってはこの本を引き合いに出すのは好都合であろう。しかし、千々和氏が受賞した賞名を冠している「石橋湛山」という人は、真剣に平和を願っていた人であったと私は承知している。

「朝鮮戦争」と「ウクライナ戦争」から停戦への道を考える

前置きが長くなってしまったが、ここからは未だに終息する兆しが見えてこないウクライナ戦争について、その終わらせ方を考えてみたい。すでに述べたように、ここで第二次世界戦争におけるドイツ、第二次世界戦争における日本を比較の対象に据えるのは、合目的的ではない。世界的体制対立のもとでの地域的戦争であり、停戦協定で戦争を終えたほぼ唯一の事例は朝鮮戦争である。そこでここでは、朝鮮戦争との比較の上でウクライナ戦争の停戦への道を考察したい。

起源の類似性と違い

具体的な道を示す前に、戦争の「起源」について触れておきたい。朝鮮戦争の起源は、日本帝国解体、朝鮮独立の過程で生まれた二つの朝鮮国家の相互全否定的対立性にある。

一九四五年八月、日本帝国がポツダム宣言を受け入れて、連合国に降伏し、帝国解体過程がはじまった。一九四三年のカイロ宣言、一九四五年のポツダム宣言により、日本帝国領とされていた朝鮮は独立することが命じられた。朝鮮は米ソ両軍によって北緯三八度線で分割占領されたが、アメリカとソ連はヨーロッパにおいてすでに冷戦対立に突入していた。そのため、一九四八年、両軍の占領地に二つの敵対的朝鮮国家が建国された。ソ連の庇護《ひご》下の朝鮮民主主義人民共和国はその憲法に首都はソウルであると規定し、米国の庇護下の大韓民国はその憲法に領土は全韓半島であると規定していた。そうである以上、統一独立国家を建設するには、相手の国家を打倒して、国土を武力統一する以外にはないと南北両国家は考えたのである。

朝鮮と韓国両国家の指導者は、早くから武力統一への意欲を庇護者であるソ連、アメリカに伝え、支持を求めたが、冷戦を開始したアメリカとソ連は、この半島では分割占領した合意を重んじて、武力統一策に支持を与えず、許可しなかった。だが、一九四九年六月にアメリカ軍の韓国撤退が完了し、一〇月には中国共産党国家が誕生すると、一九五〇年一月アチソン米国務長官のナショナル・プレスクラブでの演説後に、ソ連のスターリンの態度が変化した。ついに金日成《キムイルソン》に攻撃許可を与えたのである。他方、韓国の李承晩《リスンマン》大統領は米国の許可を得ることを諦め、北からの攻撃を待っていたのである。

一九五〇年六月二五日、演習という名目で三八度線の北に進出していた朝鮮人民軍の全軍は未明に行動を開始し、三八度線を越えて、南側に侵入した。韓国李大統領は申性模《シンソンモ》国防部長官から報告を聞くと、直ちにアメリカ大使に面会を要請した。その日の正午少し前、ムチオ米大使は李承晩大統領を官邸に訪問した。李大統領は弾薬、装備の提供を要請し、ソウルに戒厳令をしくつもりだと言ったが、次のような極めて特徴的な言葉を付け加えた。

「自分は朝鮮を第二のサラエボにすることを回避しようと努力してきた、しかし、あるいは、現在の危機は朝鮮問題の一挙、全面解決のための最善の機会を与えているのかもしれない。」

つまり、李承晩は朝鮮戦争が起これば、必ずアメリカが参戦する、サラエボでのオーストリア帝位継承者の暗殺から第一次世界戦争が始まったように、朝鮮の戦争は世界戦争に拡大する、そうなることによって、韓国国軍は北進統一の道に進めると考えていたのである。だから北人民軍の南進こそ、「朝鮮問題の一挙、全面解決のための最善の機会」を与えてくれたというのである。

一九五〇年六月二五日にまず、北が南に侵攻し、武力統一戦争が開始すると、アメリカはソ連の欠席に乗じて、国連安保理事会で北侵略非難の決議を通し、北朝鮮を三八度線の北に押し戻すために参戦し、英国、カナダ、オーストラリア、タイ、フィリピン、トルコなど一六ヵ国軍と韓国軍による国連軍を構成して戦った。しかし、北人民軍の勢いが当初圧倒的に強く、釜山の近くまで後退させられた。北による統一は実現されるかにみえた。その段階で日本から発進するアメリカ空軍のＢ29が北人民軍と北朝鮮に猛爆撃を加え、攻撃を食い止め、反撃に転じた。横須賀と神戸から発進した部隊による仁川上陸作戦は成功し、北人民軍を敗走させた。この時点で李承晩大統領は韓国軍に北進を命じ、マッカーサー国連軍司令官も新たな国連総会決議を得て、国連軍を北進させた。米韓国連軍は平壌を占領して、鴨緑江《アムノクガン》を臨むところにまで進出した。韓国と国連による統一は実現されるかとみえた。そのとき、中国人民志願軍が鴨緑江を越えて参戦し、三八万の大軍で米韓軍を圧倒し、退却させた。中朝軍はソウルを再占領までしたが、五〇年末には再度撤退した。こうして朝鮮統一戦争は不可能になり、戦争は朝鮮半島における米中戦争に転化した。中国軍が参戦した段階で、ソ連はパイロットを密かに中国軍のミグ戦闘機に乗せて、アメリカ軍と戦わせた。

この朝鮮戦争と比較すると、ウクライナ戦争は隣り合う二つの主権国家の間の戦争とみられているが、起源からすれば、ソ連解体から生じたウクライナの独立に関連する対立の産物だとみることができる。ウクライナ戦争は「兄弟殺しの戦争」だと言えるとすれば、「民族相残（殺し合い）」の悲劇と呼ばれた朝鮮戦争と似ているのである。また朝鮮戦争は国連安保理決議、総会決議に基づき、国連軍という諸国連合軍が一方の主体となって戦われ、米ソの世界的冷戦という構図があったのだが、ウクライナ戦争は国連総会決議を一つのよりどころとして、ウクライナの戦争がNATO、EU、G7の疑似戦争と結びついて、進められており、米国が推進する専制主義対民主主義という新体制的対立の構図の中に納まっているので、ともに似た構成の戦争だと言えるのである。

「停戦協議」の始め方

●朝鮮戦争

朝鮮戦争では、開戦半年には戦線の激動が収まり、朝鮮統一の戦争から、朝鮮半島における米中戦争に転化するところで、停戦が提起された。

アメリカの危機意識は一九五〇年一二月から翌五一年一月にかけてピークに達した。一二月一六日、トルーマン大統領は国家非常事態を宣言した。「共産主義的帝国主義の世界支配」と闘う決意が披瀝《ひれき》され、国防動員局の設置が発表された。しかしトルーマン大統領は、朝鮮戦争での最悪の事態を打開するための方策を見出せなかった。

他方で、東京にいた国連軍司令官ダグラス・マッカーサーは、一二月三〇日、中国本土に対する限定的な戦争に打って出る方策をワシントンに突き付けた。中国沿岸の封鎖、艦砲射撃と空爆による中国の抗戦工業力の破壊、国府軍の朝鮮戦争投入、国府軍の大陸攻撃を許可するように求めたのである。これに対して統合参謀本部は翌年一月九日実質拒否の回答を送った。

国連は、アメリカの主戦論に同調した結果、恐るべき戦争の展開になって停戦を望んだ。一二月に設置された朝鮮休戦三人委員会（イラン、カナダ、インド）は、一九五一年一月一一日五項目から成る提案を総会第一委員会に提出した。

（一）即時停戦。停戦があらたな攻勢を隠すスクリーンとして用いられないように保障する。

（二）停戦が実現されれば、平和回復のための方策を考究するのに利用する。
（三）外国軍隊の段階的撤退。国連の原則に従って、朝鮮人が将来の政府について自由な意志の表明ができるようにする。
（四）朝鮮の管理と平和・安全保障のために国連の原則に従った臨時的措置を講じる。
（五）取り決めが出来れば、総会は台湾問題、中国の国連代表権問題などの極東の諸問題を解決するための英、米、ソ、中国を含めた適切な機関を設置する。

アメリカのアチソン国務長官はその日のうちにこの提案を支持することを表明した。

国連軍による反攻がソウルを回復し、北緯三八度線に近づくと、アメリカ政府は改めて停戦会談を呼び掛ける大統領声明を準備した。用意された声明案は、「大韓民国と国連に対してなされた侵略」を撃退することが果たされたとし、安保理の一九五〇年六月二七日決議に立ち帰って、地域の平和と安全を回復する問題が残っている、国連軍司令部は戦闘を停止する交渉に入る用意があると述べていた。まさにその時、三月二四日、マッカーサーは朝鮮に向かう飛行場で、中国の沿岸地域と内陸部への爆撃を主張する威嚇的な声明を発表した。マッカーサーの声明はトルーマン大統領を激怒させた。

四月五日、マッカーサーが共和党下院議員のマーティンに送った三月二〇日の書簡が公表された。その書簡の中で、マッカーサーは台湾の中国軍を利用すべきだというマーティンの提案に支持を表明し、「もしもわれわれがアジアで共産主義との戦争に負ければ、ヨーロッパの滅亡は不可避だということ」がわからない「一部の人々」を非難していた。ついにトルーマン大統領は四月一一日、マッカーサーを解任した。アメリカの方針はアジアでの対立を「第三次世界戦争」に発展させないということであり、アメリカは停戦し、再侵略の防止策をとることによって和平を達成することを求めると説明された。つまり、アメリカは、この時点で、戦争を拡大しない、停戦交渉を開始したいという意思をはっきりと示したのである。

五月一七日に米上院の停戦決議が採択され、これを五月一九日にソ連の「プラウダ」が報道するという対応が示された。そこで国務省ＯＢのジョージ・ケナンにアメリカ側のメッセージをソ連に伝える役割が託されることとなった。ケナンは五月三一日、密かにソ連の国連代表ヤコフ・マリクと会い、戦争不拡大と停戦への米国の意志を伝えたのである。

この間、アメリカは韓国政府にはこの停戦の申し出について一切相談しなかった。六月九日、梁裕燦《ヤンユチャン》駐米大使がディーン・ラスク国務次官補に、停戦交渉を提案しているのかと直接詰問したが、ラスクは否定して、いかなる和平提案もないと回答した。韓国政府を完全に無視しているのであった。

他方で、スターリンはアメリカの戦争不拡大、停戦交渉開始の意思を好意的に受け取った。彼はモスクワに中国東北の党責任者高崗《こうこう》と金日成《キムイルソン》を迎え、六月一三日に二人の説得を試みている。スターリンは朝鮮の戦況について聞き、「ただちに停戦した方が良いか、それとも戦いを続け、戦線の位置を修正した後停戦の交渉を行ったほうがよいか」と尋ねた。二人の回答は混乱したものであったと伝えられている。スターリンが「停戦とはかなり長い期間の軍事行動停止であるが、双方は依然交戦状態にあり、戦争はまだ終わっておらず、いつでもまた戦えるので、これは和平の局面ではない」と説明すると、金日成と高崗は、そのような停戦ならと受け入れたと思われる。

かくして、停戦会談は一九五一年七月一〇日、開戦一年と一五日で、開城《ケソン》で始まった。中朝側の会談正代表は朝鮮人民軍総参謀長南日《ナムイル》であり、副代表は中国人民志願軍副司令鄧《とう》華《か》であった。

これに対して、国連軍代表は首席代表ターナー・ジョイ海軍大将、四人のアメリカ軍将軍と韓国軍第一軍団長白善燁《ペクソンヨプ》大将で構成された。戦場から呼ばれた白は、釜山で李大統領に会った。その際、李は白に「停戦は分断につながるので、反対だ」と告げたという。だから白の参加は資格も姿勢も曖昧なままであった。

ウクライナ戦争では、すでに述べたように、開戦直後、開戦五日目に停戦交渉が始まっていた。ウクライナ側がロシア側に提案し、ロシア側が受け入れて行われた。ウクライナは明らかに本格的な戦争を回避することを望んでいたし、ロシアも本格的な戦争をせずに、軍事的威嚇によってウクライナを屈服させることができれば、それで十分だと考えていたようである。

戦争が継続される中、両者は停戦協議を続けて、開戦一ヵ月後の三月二九日、イスタンブールの第五回協議でウクライナ側が停戦のための条件を提案した。これがロシアを喜ばせ、ロシア軍はキエフ進撃をストップして、兵力を撤退させた。ところが、四月はじめにはこの停戦への気運が吹き飛ばされた。四月三日にブチャで市民四一〇人の遺体が発見されたことにウクライナ国民の怒りが爆発したためだと言われるが、三月二六日のバイデン大統領のワルシャワ演説、ロシアに対する戦闘宣言も明らかに影響していると私は考える。

ここでこの戦争における最初の停戦交渉は雲散霧消し、アメリカ、NATO、EU、G7が支援参加するウクライナ戦争が本格的に始まったのである。以来残酷な戦争が続いてきたが、九月三〇日に至り、ロシアがドンバス二共和国と南ウクライナ二州の併合を宣言することによって、停戦の際の獲得目標を提示した。しかし一一月にはウクライナの側が勝利による戦争終結の構想を打ち出して、対抗した。以後、停戦交渉再開の気配はみえない。

二〇二三年二月末になり、人々は戦争が一年続いている現実に直面した。朝鮮戦争は開戦一年と一五日で停戦会談が正式に始まったことを思えば、停戦交渉の現実性と可能性について考えるべきだという声をかき消すことはできない。停戦交渉を仲介する動きがグローバル・アジアの国々から起こっている。中国がその先頭を切って動き出している。中国とインドが手を組めば、ロシアとウクライナに停戦会談再開を説得し、さらに強力な仲裁活動をすることが可能になるだろう。

最大の問題は「軍事境界線」の決定

●朝鮮戦争

朝鮮戦争では、一九五一年七月に始まった停戦会談で議論された最大の問題は、軍事境界線をどこにするのかということだった。中朝側は三八度線を提案したが、国連軍側は当時の対峙線よりさらに北の線を主張して、激しくやりあった。国連軍側は、制空権、制海権は朝鮮全空域、全海域に及んでいる以上、地上軍の対峙線より北に境界線を引くのは当然だと主張したのである。

この対立について、中国の毛沢東国家主席は八月二日に、「引き続き、行きづまりの状態にあっても、これはわが方に不利でない」として、「自分の主張に固執し続ける他はない」と交渉代表の李克農に指示を与えている。

しかし、八月一一日になって、毛沢東は、アメリカ側が現状の対峙線を軍事境界線にしてもいいと考えているのに、中朝側は三八度線に固執しているものと見せかけようとしているとして、あくまでも三八度線案の検討を求める権利と根拠があることを主張せよと指示した。敵が現状線を軍事境界線にすることを認めるなら、三八度線を「基本的軍事境界線」として、その南北に「緩衝地帯」を設けることを提案してもいいと付け加えている。

八月一二日、李克農は中国側代表の意見を毛沢東に伝えた。「会議の全過程から、また会議以外の一般状況からして、敵に三八度線案をのませることは不可能であることが明らかです。（中略）もしもわれわれの最終目標が三八度線を軍事境界線として画定するための闘争をすることにあるのなら、この面で一定の変更しか認められないとすれば、われわれは交渉決裂を念頭において、それに備えなければなりません。そうでないとすれば、われわれはあるはっきりとした妥協的提案をしなければなりません。」「われわれ（李克農、鄧華、解方、喬冠華）は、敵の最終的目標は現在ある戦線で軍事行動を停止することにあると見ています。（中略）存在する限定的な資料により一般世界情勢とわが国の要求、それに現在朝鮮は戦争を続けることができないことなどを検討した結果、われわれは現在戦線があるところで、軍事行動を停止するという問題を考え抜くことがよりよい道だと考えます。」

ここで軍事境界線について朝鮮側には相談していないことが注目される。朝鮮側は妥協を望んでいなかったためであろう。毛沢東もすぐにはこの提案を受け入れなかった。交渉は対立したまま続いた。

停戦会談が始まった後も、戦闘は続いていた。停戦線、軍事境界線を決めるのは戦闘の結果なのだから、これは当然のことであった。積極的であったのは、国連軍側であった。八月一八日からは、アメリカの三個師団が人民軍三個軍団を対象にした夏季攻勢を開始した。これは八月末まで継続した。

アメリカと中国の双方が自らの立場に固執した結果、会談は完全に暗礁に乗り上げた。八月二二日、中朝側は交渉の中断を声明して、会議場を去った。この重要な決定については、毛は事前にスターリンに相談していない。八月二七日になって、初めてスターリンに報告した。

停戦会談が中断した後、九月一日からは改めて攻勢がはじまり、九月一八日まで続けられた。しかし、中国人民志願軍は陣地と陣地の間に幅〇・八一一メートル、深さ一メートル、地表まで二〜三メートルのトンネルを掘り巡らして、頑強に応戦し、戦線はほとんど動かなかった。

そこで、毛沢東は停戦会談を再開するのを得策と考えた。共産党側は九月二〇日に停戦会談再開を主張し、その際会場は従来通り開城であるべきだとした。これはアメリカ側の会談会場は三八度線上の板門店《パンムンジョム》にすべきだという提案を拒否したものであった。しかし、一〇月一八日、毛沢東は李克農に、板門店への会場変更は問題なしと指示した。一〇月二二日、連絡将校会議は停戦会談再開の条件で合意した。この日、李克農は毛沢東に電報を送り、再開後、会談小委員会で軍事境界線問題が議されるときは、三八度線を境界とする案を再び持ち出すことをやめ、最終的には現在の対峙線を軍事境界線とする案を提出するという方針を説明している。毛沢東はこの方針に支持を示したようである。

一〇月二五日、停戦会談は板門店に会談場を移して、再開された。再開停戦会談では軍事境界線を現在の接触線とする案で合意が追求された。一一月二三日に現在の接触線を軍事境界線にすることで合意が生まれ、四日後の二七日の本会議で正式に批准され、結着した。停戦への大きな前進であった。

●ウクライナ戦争

ウクライナ戦争では、現在は停戦会談が行われていないが、軍事境界線をどこに引くかということをめぐる対立はすでにはっきりしている。ロシアは二〇二二年九月三〇日にルガンスク、ドネツク共和国とヘルソン、ザポロージェ二州の併合を打ち出した。ウクライナは、一九九一年のウクライナ独立の際のロシアとの国境線を回復すると声明している。停戦するとなればこの二つの主張の中間線を軍事境界線とすることになる。それを決めるのは、停戦会談がはじまっても、続けられる戦闘の結果である。

クリミアの奪還は、対ロシア勝利の象徴のようにウクライナ側では考えられているが、これを奪還するには、ウクライナはロシア領内に攻め込まなければならないだろう。それでは戦争は世界戦争に拡大されることになる。ロシアがユーラシア国家であるから、ウクライナの同盟国が東アジアでロシアを攻めることもありうる。独ソ戦争の際、ドイツの同盟国だった日本はソ連と中立条約を結んでいて、ソ連を攻めず、中国、米国、英国との戦争に向かった。変則的な世界戦争になったのである。いま、日ソ中立条約はない。日本はG7のメンバーである。アジアにはアメリカがいる。ウクライナがロシアに攻め込めば、ウクライナの同盟国は別のところでもロシアを攻めることになり、世界戦争になるのである。だから、クリミア奪還は現実的なウクライナの戦争目的にはなりえない。

したがって、ヘルソン州、ザポリージャ州の奪還に向かうのが現実的な方針だと思われる。すでにヘルソン州ではドニエプル川右岸地域は奪還された。問題はザポリージャ州には欧州最大といわれる原子力発電所があることである。ウクライナが武力でこの州の奪還を目指すことになれば、原子力発電所を巡る攻防となり、原子力発電所の破壊、爆発ということになりかねない。それは絶対的に回避されなければならない。ウクライナがザポリージャ州を奪還するには外交的交渉による他はない。

ドンバス地方の二共和国はウクライナ戦争におけるロシアの主目標であったが、ここはいまドネツク方面でバフムト攻防戦が熾烈に戦われている。欧米諸国からの最新鋭戦車の到着を待ってから行われるウクライナ軍の大攻勢が事態をどう変えるかが注目されるところである。

停戦交渉が始まれば、戦況をみながら、どこで軍事境界線を引くかの交渉が行われるだろう。

陣営内の意見の対立をどのように処理するか

●朝鮮戦争

朝鮮戦争では、一方の側の交戦主体は国連軍として統一され、その司令官としてマッカーサー、リッジウェーが指揮しており、リッジウェーが停戦会談も進めていた。ただ、戦争の起源からすれば、韓国とアメリカそれぞれの意思が重要であった。

だがまさにそのアメリカと韓国の間で停戦について深刻な意見の対立があることが問題となった。アメリカは韓国には相談せずに停戦交渉に入ったわけで、それだけに一層、韓国の李承晩大統領が国の武力統一を求めて、戦争を継続し、再び北進統一を目指すべきだと考えていたことが深刻な問題となったのである。

停戦会談を開始する時に、李大統領は、リッジウェー国連軍司令官に自らの心情を吐露した手紙を送った。一九五一年七月二〇日付けの手紙である。李大統領は次のように書いた。

「わが政府の立場の根幹は、国民をわが国土の半分で維持することはできないということである。分断された朝鮮は破滅の朝鮮であり、経済的、政治的、かつ軍事的に不安定である。(中略)朝鮮国民は単純にして、死活的な再統一原則をもって生きなければならないということがわれわれにははっきりしている。朝鮮は実際独立した実体であるのをやめるか、それともすべて民主主義的になるか、すべて共産主義的になるかにかかわらず、単一体であるか、どちらかをとらねばならない。(中略)これが、民主主義的手段によるか、共産主義の侵略によるか、いずれにしても再統一は不可避だと考える南であれ、北であれ、ほとんどすべての朝鮮人が共通にもつ考えだ。」

李承晩のこの気持ちは北側で武力統一を推進した金日成首相、朴憲永《パクホニヨン》外相らの気持ちと同じであっただろう。しかし、停戦会談が意見の違いで、対立が続く限りは、当面南北朝鮮の当事者の意見の対立は大問題と意識されなかったであろう。

●ウクライナ戦争

ウクライナ戦争では、ロシア側は一国であるのに、ウクライナ側は、アメリカを筆頭に、NATO、EU、G7の諸国が支援参加している。そのため、停戦会談の再開を決定しうる主体が実質的にどこにあるのか、決め難い。アメリカは戦争の継続を支持するとともに、外交による戦争終結についても研究しながら、停戦を決断するのはウクライナ政府だけだと主張している。停戦会談を開始して、戦争の拡大を防ぐことが必要になったとアメリカ政府が判断し、ウクライナ政府がそれに反対する場合には、深刻な対立にならざるをえない。その場合、米国の大統領は必要な手段をとるのを躊躇しないであろう。あるいは、停戦会談はさらに先延ばしとなり、戦争と破壊が進行するおそれが大きい。

停戦会談開始後も敵の力を弱められる

●朝鮮戦争

停戦会談の主要議題の二つ目は、「捕虜問題」であった。実際これが決定的行き詰まりをもたらし、北朝鮮側に大きな打撃を与えた。ジュネーヴ条約一一八条の規定では、捕虜は速やかに送還されねばならないとされていた。しかし、その常識的な立場が、降伏して協力者となった捕虜を共産側に送り返したくないというトルーマンの意向に押し切られた。トルーマンは一九五一年五月にすでにこの立場を表明したが、一九五二年一月二日になって、国連軍側は停戦会談の席上、希望者のみを一対一で交換するという原則を持ち出した。中朝側はただちにジュネーヴ条約違反だと反発した。

捕虜問題は実際に深刻な問題であった。北朝鮮軍はアメリカ軍の仁川上陸作戦後の敗走時に大量の投降者を出した。その数は五〇年一〇月までに一〇万四〇〇〇人に達した。中国軍の捕虜は一九五一年四月から六月の第五次戦役で多く出た。一万五〇〇〇人である。中国人民志願軍の五割から七割は旧国民党軍の将兵であったと言われる。とくに元将校で、兵卒に降等されていた者たちは捕虜収容所に入ると、反共組織をつくりはじめた。

そして、これを助けたのが、台湾から送られた収容所要員である。中国人民志願軍が参戦し、捕虜が出るようになると、アメリカ軍はその対応、尋問、さらには心理戦争の展開のために中国語が理解できる要員を必要とした。アメリカ軍は駐韓中華民国大使館に中国語と英語のわかる人員の紹介を求めた。一九五一年一月末になると、第八軍司令部はムチオ大使を通じて釜山の中華民国大使館に大使館員を派遣して、対敵心理作戦を援助してくれるように求めた。邵毓麟《しょういくりん》大使は陳書記官、杜副武官を派遣した。大使自身が日中戦争の際に心理作戦の面での経験を有しており、前線で地上ないし空中からの拡声器での宣伝、ビラの配布、童謡を流すことなどを提案した。二月一六日には邵大使はすでに第八軍司令部の要請で、英語ないし日本語のわかる華僑学校の教師と学生一四人を選抜し、大邱で短期訓練の後、各部隊に配属することになったと報告している。このような動きに対し、国民党政府も反応し、五〇人の工作人員を用意することとなった。五一年六月にはすでに六六人の中国人が心理作戦要員として働いていた。

アメリカ側の資料では、これらの要員は米軍民間情報教育（ＣＩＥ）プログラムで、捕虜たちに反共民主宣伝を行った。この要員たちは、しばしば捕虜の中の反共派と提携して、五一年秋から冬にかけて、台湾に送還してほしいとの請願書に署名するように捕虜たちを説得し、しばしば圧力を加えたのである。だから、中国人の捕虜の帰還問題は単純な問題ではあり得なかった。

アメリカ側は帰国を望まない捕虜を強制して帰国させることはできないという考えにとり憑かれており、一九五二年一月一五日頃からワシントンではこの問題の検討が様々なレベルで始まった。二月四日に国務長官と国防長官の討議の結論としてまとめられた文書では、帰国希望の再調査を行って、帰国を望まない者を捕虜の名簿から除去して、名簿に残る捕虜全員を帰国させるという案が提起されていた。その功罪が検討され、原則的に強制帰還をしないということを確認するように求めていた。しかし、この案には国防省から反対が出たため、二月八日に国務長官のメモが大統領に提出された。そこには「したがって、大統領が現在の合衆国の立場を維持することを承認する、すなわち（中略）共産主義側の捕虜を帰還させるのに力を行使することを要求する共産側の提案を受け入れないことが勧告される」とあった。妥協することなく、原則を貫け、という結論である。これはその日にトルーマンに承認された。

実際には再調査が二月に始められ、捕虜中の共産党員は激しく反発した。このような状況の中で、二月一八日、韓国の捕虜収容所で死者六九人を出した暴動が発生する。収容所内での闘争は三月には本格的な殺し合いに発展した。

休戦会談が捕虜問題で膠着する中で、一九五二年五月、三人目の国連軍司令官クラークが着任した。彼の就任は、巨済島の捕虜収容所での反乱で収容所司令官ドッド准将が反乱者の人質になるという事件で迎えられた。捕虜問題での妥協の展望がないまま、新任の司令官は北朝鮮に対する爆撃を強化することで、事態に対応した。

五月一三日極東空軍司令官ウェイランドは過去一年間爆撃を控えていた平壌の爆撃許可をクラークに求めた。ウェイランドはこの作戦を「圧力ポンプ作戦」と名付けていた。クラークは停戦会談での共産側の回答を待つように命じた。この間、六月二三日にはアメリカ空軍は作戦のテストとして水豊発電所、赴戦第三、第四、長津第三、第四ほかの水力発電所を爆撃した。攻撃された一三の発電所のうち、一一は完全に破壊され、北朝鮮は電力の九割を失った。

そして、七月一一日、許可された平壌爆撃の日となった。爆撃は、第七艦隊空母の艦載機、第五空軍機、韓国空軍機が午前一〇時、午後二時、六時の三回、明るいうちに攻撃し、夜に入ると、横田と嘉手納からのB29、五四機が爆撃を行った。一二五四回の出撃は朝鮮戦争における最大の空襲であった。二万三〇〇〇ガロンのナパーム弾が投下された。平壌放送は二日後に「野蛮な」攻撃により一五〇〇の建物が破壊され、七〇〇〇人の死傷者が出たと発表した。

金日成は、もはや平静さを失っていた。打撃はあまりに大きかったからである。彼は平壌爆撃の深刻な印象のもとで、七月一四日毛沢東に対して重大な提案を行った。その内容は公表されていないが、捕虜問題に関するアメリカ案の受け入れによる停戦交渉妥結の提案であったようである。これが朴憲永と相談の上での行動とは思えない。朴憲永は相談されれば、反対したであろう。この金日成の手紙に対して毛沢東は七月一五日に次の電報を送り、回答した。

「二日間にわたってこの問題を検討した結果、われわれの同志たちは全員一致、現在敵が狂気の爆撃をわれわれに加えているとき、挑発的で、欺瞞的な敵の提案を受け入れることはきわめて不利であると考えるにいたった。」

毛沢東は、金日成を一喝し、このことをスターリンに伝えて意見を聞くつもりだと通告した。金日成はただちに提案を撤回して毛沢東に従うと謝罪した。

捕虜問題での対立は、さらに続いた。結局一九五三年三月五日にスターリンが死んだ後、スターリンの後継者たちが葬儀に来た周恩来に停戦を早めるように圧力をかけた。その結果、中国がついに態度を変えたのである。

停戦協定調印のために意見の食い違いを解消する

●朝鮮戦争

停戦会談再開への最大の障害が基本的に除かれた後に、クローズアップされたのは、李承晩大統領の抵抗であった。直接選挙で再選された大統領の政治的基盤は固まっており、その抵抗はかつてなく強いものであった。

停戦交渉が実質的に進展しはじめた一九五三年四月、李大統領は停戦反対の動きを活発化させた。四月八日梁裕燦《ヤンユチャン》駐米韓国大使は、ダレス長官に対して李大統領の受け入れる停戦の条件を伝えた。「朝鮮の再統一、中共軍の撤退、北朝鮮軍の武装解除、第三国が北朝鮮に武器を与えることの禁止、大韓民国の主権の尊重、朝鮮問題解決における韓国の声の尊重」、である。これは停戦を不可能にする条件だと言っていい。

その翌日、李大統領はアイゼンハワーに親書を送った。その中で彼は、もしも中共軍の駐留を認めるような停戦協定が結ばれるなら、われわれは「侵略的共産主義者を打ち負かし、鴨緑江まで追い込み、朝鮮から撤退させるわれわれの努力」に参加する気のない外国軍の撤退を求める、と書いて、自分たちだけで戦争を続けるという意思表示をした。李承晩は米中戦争が終わりになるなら、朝鮮戦争、南北間の統一戦争にもどることを認めよと主張しているごとくである。しかし現実的には、アメリカ抜きで戦えるはずがない。だから、アメリカに戦争を続けるように求めるというのが、李の狙いであり、それがだめなら、戦後の安全保障を条約という形で与えてほしいということなのである。

李承晩はここで行動に出た。四月二二日と二三日、全国各地で「北進統一なき休戦決死反対」の集会とデモが行われた。「東亜日報」は「三〇〇〇万総奮起」と報じた。とくに臨時首都釜山《プサン》の二三日のデモには一〇〇人を越える国会議員を先頭に数万の市民が参加し、市内の商店も休業して、これに呼応した。デモ隊の一部は米大使館に乱入しようとする事件を起こした。韓国大使はワシントンで李大統領の新たな覚書を手交した。それは四月九日の親書の内容をさらに強めて、問題ある内容の停戦協定が締結された場合、「韓国軍を国連の指揮下から離脱させるように準備中である」と通告する最後通牒であった。

五月一日には、李大統領の四月二九日の記者会見が報じられた。李承晩は、韓国政府が主張する五原則が貫徹されない休戦会談が成立すれば、「国軍は単独でも北進する」と述べていた。心配したクラークの指示によるものであろうか、この直後の五月四日、第八軍司令官のテイラーは「エヴァレディ計画概要」を起案した。これは停戦協定が調印されるか、その寸前になったにもかかわらず、韓国軍が国連軍司令官の指示に従わず、韓国政府と軍が独立の行動をとり、国連軍に敵対する場合には、第八軍によるクーデターを実行するという計画である。

五月二五日の停戦会談でハリスン首席代表は新しい提案を出した。これは、送還を希望しない捕虜は中立国送還委員会へ引き渡す、この間に双方の代表が捕虜と接触し、希望を確かめる、九〇日過ぎれば、面接はおわり、一二〇日後に釈放されるというものである。この提案は米国の譲歩であり、中国側としては事実上受け入れ得るものであった。逆に李承晩政府にとっては最悪の事態が来たのである。

五月二九日ワシントンの国務省と統合参謀本部の会談で、コリンズ陸軍参謀総長は李大統領を拘束する決定的な措置の実行のため、ワシントンにいる白善燁《ペクソンヨプ》を急遽帰国させた方がよいかどうかをクラークに問い合わせたと報告している。結局ワシントンは李大統領をなぎ倒すクーデターを起こすこと自体には原則的に問題を感じなかったが、実行する決断には至らなかった。

この間にアイゼンハワーから李に対して六月六日付けで書簡が送られた。そこでアメリカは、朝鮮統一のための闘争を戦争の手段によるのではなく、政治的な手段で追求するときがきたとし、停戦後の韓国の安全保障のため、経済援助と兵力増強への協力を申し出るとともに、相互防衛条約の締結のために努力することを明らかにした。

李は六月一七日アイゼンハワー宛ての手紙を送った。この中で、李は相互防衛条約の約束に感謝はしたが、「それが停戦と結び付けられているなら、その効力はほとんどゼロに消されるであろう」と述べ、停戦に向かう動きに強く抗議した。

六月一七日の深夜から一八日の朝にかけて、釜山、馬山など四ヵ所の捕虜収容所から朝鮮人捕虜二万五〇〇〇人が一方的に釈放されたのである。停戦交渉の妥結を妨害しようと狙ったものである。国連軍司令部は、これが韓国政府の上層部で計画されたものであると発表し、抗議した。

李は六月二三日に、ワシントンに引き揚げるクラークに覚え書きを手渡した。そこには、彼が停戦を消極的に受け入れるための条件が列挙されていた。その条件とは、「政治会談は停戦後九〇日までに開催するとする。そこで中共軍の撤退、朝鮮の統一のための方策が決定されなければ、停戦は無効となり、韓国軍は米空軍の支援をえて北進する」、「停戦調印前に米韓相互防衛条約を調印する」というものであった。

李がこの条件をクラークに渡す前日、国務次官補ロバートソンが韓国に入り、李大統領の説得を始めた。その説得の効果があって、七月九日、李大統領はついにロバートソン次官補に「われわれは停戦協定に署名できないが、停戦下でとられる措置ないし行動がわれわれの国民的生き残りにとって不利益でないかぎり、それを妨害しない」との書簡を送るのであった。

北側では、金日成は停戦を望んだが、南から来た代表者、朴憲永は戦争を続けることを望んでいた。経過はなお不明のままであるが、朴憲永と南労党系の人々は停戦協定調印の一ヵ月後に裁判にかけられ、処刑されている。

●ウクライナ戦争

ウクライナ戦争では、バイデン大統領とゼレンスキー大統領との志向のズレが大きな問題に発展しかねない。バイデン大統領はウクライナに武器と情報と資金の援助を与えて、ロシアと戦わせているが、バイデンの目的は専制主義の国ロシアの力を可能な限り弱めることである。だからバイデンはロシアと米国の戦争にならないかぎり、この戦争を続けていくことを望んでいる。しかし、形勢が変化して、ロシアと米国の戦争に転化しそうになれば、ただちにウクライナ支援をやめ、停戦を促すだろう。

他方、ゼレンスキーはどんなに無理をしても、対ロシア戦争を続けるかぎり、国民の団結は強まり、自らの大統領の地位も確固たるものであり続ける。したがって、戦争を世界的に拡大することを怖れる必要はなく、ロシアに勝利して、一九九一年独立時の国土を取り戻し、戦争犯罪を処罰し、ロシアから賠償を得るつもりである。だからバイデンとゼレンスキーの間に大きな亀裂が走る可能性がある。米国はこの決裂を回避しなければならない。

停戦協定で決めるべきこと

●朝鮮戦争

朝鮮戦争での停戦は静かに進行した。一九五三年七月二七日午前一〇時二〇分、板門店でハリスンと南日が停戦協定に調印した。二人とも無言であった。南日が署名すると、ハリスンと握手せず、時計を見て、そのまま立ち去ったというのは有名な情景である。これによって一二時間後に停戦が実現することになった。

停戦命令は南ではクラークの名で、北では金日成と彭徳懐《ほうとくかい》の名で出された。この日の午後国連軍司令官としてクラークが停戦協定文書に汶山《ムンサン》で署名した。午後一〇時、停戦が発効し、朝鮮の全土で戦火が止んだ。この時平壌で金日成が朝鮮人民軍最高司令官として協定文書に署名した。そして翌七月二八日午前九時三〇分、彭徳懐が開城で中国人民志願軍司令員として協定文書に署名した。

停戦協定は、その第一条において軍事境界線と非武装地帯を定めている。合意された軍事境界線の南北二キロメートルの非武装地帯を設け、ここを軍事停戦委員会が管理する。第二条は停戦のための具体的な方策を取り決めている。軍事停戦委員会は国連軍側一〇人、中国人民志願軍側五人、朝鮮人民軍側五人をもって構成する。この他中立国監視委員会が設置され、国連軍側推薦でスウェーデンとスイス、中朝側推薦でポーランドとチェコ・スロヴァキアの四人から構成される。さらに第三条において、捕虜の取り扱いを定めている。停戦から六〇日以内に「捕虜となった時点で所属していた側に引き渡しを主張する」者すべてを引き渡す。それ以外の者は中立国送還委員会に引き渡される。第四条は次のように規定していた。「朝鮮問題の平和的解決を保障するため、双方の軍司令官は双方の関係各国政府にたいして以下のごとく勧告する。停戦協定が調印され発効した後三ヵ月以内にそれぞれ任命された代表によって、より高い水準の双方の政治会議が開催され、朝鮮からのすべての外国軍隊の撤退の問題、朝鮮問題の平和的解決などの諸問題を交渉によって解決すること。」また第五条の六二項は、次のように規定していた。「この停戦協定の条項は相互に受け入れられる修正と追加、あるいは双方のあいだの政治的水準の平和的解決のための適当な協定中の規定によって明確に停止されるまでは、引き続き効力を持ち続ける」。

●ウクライナ戦争

ウクライナ戦争の停戦協定でも朝鮮戦争と同じように、軍事境界線の合意、停戦管理機構の創出、捕虜引渡問題、ロシア領内に連れ去られた民間人の子女の引渡し問題、政治会議開催の取り決めなどが含まれることになるであろう。停戦会談での合意形成を助けるべきなのは、停戦協議を仲介する国々（トルコ、中国、インド、ブラジルなど）である。停戦管理機構の創出には、グテーレス国連事務総長の関与が必要であり、可能である。

朝鮮戦争では交戦国の一方が国連軍であり、他方は国連未加入国であったので、国連の介入は不可能であった。しかし、ウクライナ戦争ではロシアもウクライナも国連のメンバーであり、国連安保理はいまだウクライナ戦争についていかなる決議も採択していない。中立の存在にとどまっている。したがって総じて安保理が停戦プロセスに参加することは可能である。

政治会議を開かねばならない

●朝鮮戦争

停戦協定で定められた政治会談の予備会談は板門店で一九五三年一〇月二六日に開かれた。会談では中国側代表黄華が北朝鮮代表奇石福《キソクボク》（ソ連系）を圧して、主導権をとり、ソ連他五中立国の参加、会議のニュー・デリー開催を主張したが、アメリカは、ソ連は中朝側参戦国として扱うという態度をとって、対立した。この結果、話し合いは一向に進まず、一九五四年一月無期休会に入った。

ところが、その年の二月にドイツ問題の処理のために開かれた米英ソ仏四国外相会談で、アジア問題の解決のためのジュネーヴ会議を開くことが合意され、二月一八日に発表された。ここに中国、南北朝鮮、その他の参戦国も招かれることになった。日本は出席を希望したが、拒否された。

一九五四年四月二六日、ジュネーヴ会議が始まった。翌二七日韓国政府と北朝鮮政府はそれぞれの朝鮮統一方案を発表した。韓国政府代表は、北朝鮮でのみ自由な選挙を行い、北朝鮮を韓国に統合することを主張した。韓国では国連監視下に自由な選挙が行われているという理由である。アメリカは一九五〇年一〇月、北朝鮮に攻め上ったときには、支持しなかったこの主張をただちに支持した。韓国政府代表をこの会議に参加させるには、米国がその主張を支持することを約束しなければならなかったのである。

一方、北朝鮮政府代表の南日外相は、「全朝鮮での自由な選挙による全朝鮮の国会開設、統一政府の樹立」「南北国会の代表と南北の大社会団体代表が参加して、選挙法を制定する」「南北の経済交流の推進」「すべての外国軍隊の六ヵ月以内の撤退」「選挙への国連の介入拒否」の五項目からなる提案をした。国連は戦争の一方の当事者であり、中立性がないとの主張に立っている。この提案は中ソが支持した。

会議に参加している国連側参戦国は、韓国と米国の主張を支持せず、全朝鮮の選挙を支持するように圧力を加えた。そこで韓国政府は、五月二二日になって、一四項目の再提案を出した。このたびは国連監視下で自由な選挙を朝鮮の南北で行うことを提案したのである。しかし、韓国の憲法は統一議会で修正されるまでは効力を持つとしており、中国軍の撤退は選挙一ヵ月前に行われるべきで、国連軍の撤退は選挙前に始まり、国連により全朝鮮がコントロールされた後に完了されるべきだということになっていた。北朝鮮も中ソもこれを拒否した。結局のところ、一九五四年六月一五日、国連側は一六ヵ国による声明を出し、討議は無駄だと宣言した。

これによって朝鮮問題の平和会議は終わりを迎え、停戦協定体制が無限に続くことになった。平和的に統一を実現できなかったからこそ、戦争が起こったのだとすれば、戦争が統一をもたらさなかった以上、会談で統一をもたらすことは不可能であった。軍事境界線の両側に大軍が対峙したままで、撃ちかたやめの命令が出た状態が固定された。分断された朝鮮半島に到来したのは戦争でもない、平和でもない状態であった。停戦協定締結以来、この七月で七〇年という途方もなく長い歳月が経過した。しかし、もちろん南北の朝鮮人は誰もがあそこで停戦したことを肯定しているはずである。

●ウクライナ戦争

ウクライナ戦争ではまず停戦会談を再開して、ロシア、ウクライナの間の合意により停戦協定を締結すべきである。停戦協定ができたのちに、多国参加の政治会議を開かねばならない。この政治会議では、ウクライナ、ロシアの国境線の承認、戦争犯罪の追及、戦後復興プロジェクトの作出、安保体制の協議が行われることが望まれる。この会議には、NATO、EU、G7のウクライナ側の准参戦国、対ロシア制裁国が参加しなければならない。さらに、ベラルーシ、北朝鮮、シリアなどのロシア支持の国、中国、インド、インドネシア、ブラジルなどのグローバル・サウスの中立国が参加すべきである。

国境線の承認はウクライナとロシアが停戦会談で合意した軍事境界線を列国が承認する

かという問題である。ロシアの侵攻を非難して制裁を加えていた諸国は軍事境界線がロシアに過度に有利に決まっているとみれば、それを修正するように主張を出すことができる。制裁解除の条件だとして主張できるはずである。

戦争犯罪の追及問題は、どの機関がどういった内容の問題を取り扱うのかを含め、政治会議で合意ができれば、ロシア軍、ウクライナ軍双方の戦争犯罪を追及することができる。

戦後復興プロジェクトは、戦争で破壊されたウクライナの復興のためのものであり、ロシアをこのプロジェクトに参加させることが必要になる。ロシアは領土的に獲得するものがあるのであれば、ウクライナの復興に資金、資材、燃料（石油、天然ガス）などを提供することは義務であろう。

戦後のウクライナの安全保障はウクライナのNATO加盟によって与えられる他はないであろう。ウクライナの中立化はもはやありえない。ウクライナとロシアの関係は南北朝鮮の関係を超える厳しい敵対関係となるであろうが、朝鮮にならって、過度に敵対的なものとならないようにコントロールしていくことが重要である。

停戦の過程について、伊勢崎賢治氏が開戦直後から緩衝地帯の設定を梃子《てこ》とする方法を提案している。両軍を説得して、停戦させ、国際監視団を送りこんで、兵力を引き離し、非武装地帯、緩衝地帯をつくりだし、停戦交渉を開始させるというものである。伊勢崎氏は、インド・パキスタン戦争や第四次中東戦争でこの方策が試みられ、有効性が証明されたと主張している。これは朝鮮戦争とは明らかに異なった停戦実現の方式である。これをウクライナ戦争で実施するとすれば、そのイニシアティヴをとるのは国連であり、国連総会、国連安保理、国連事務総長が実行を決断しなければならない。

東大作『ウクライナ戦争をどう終わらせるか』を読む

最後に停戦について書かれたもう一つの本について述べておこう。二〇二三年二月、『ウクライナ戦争をどう終わらせるか――「和平調停」の限界と可能性』（岩波新書）が刊行された。筆者の東大作氏は、元NHKのディレクターで、ベトナム戦争について著作があり、国連のアフガニスタン支援ミッション和解再統合チームリーダーを経て、上智大学グローバルセンターの教授を務めている。

その冒頭において、東氏はウクライナ戦争における今後のシナリオを五つ挙げている。それらは、「破滅的なシナリオ（世界大戦への突入）」「汚い妥協」「プーチン体制の崩壊」「西側とロシア・中国圏で経済分離」「中国・トルコの働きかけでロシア軍の停戦撤収」である。これらの中で東氏は、「中国・トルコの働きかけでロシア軍の停戦撤収」のシナリオが望ましいとしている。

「これまでの戦争はどう終わってきたのか」という実例分析の章で検討されているのは、ベトナム戦争以後に起きた戦争だけであり、停戦協定で終わった朝鮮戦争のことは全く触れていないため、不十分である。中国にロシアを説得させようというのは私たちと同じ考えであるが、「私は基本的には、ロシア軍をウクライナから撤退させることが最終的な出口になる可能性が大きいと考えている」と述べたり、「まずは二月二四日ラインまでロシア軍を撤退させることを、ウクライナ政府と国際社会の共通目標にする」のが「最良の道」だとも述べたりしており、これでは停戦会談の再開を促すことはできない。

正直言って、戦争を終わらせる方策を真剣に考えているように思えない。日本が戦争を終わらせるために何をすべきかということを考えることも、東氏にとってみれば、課題ではないようだ。本の中では、日本のウクライナ難民支援について述べるだけで、国際社会の中での日本の使命についてはグローバル課題の解決のために努力することだと一般論が語られるにすぎない。

第9章　准世界戦争化の時代に突入した

「防衛三文書」改定で体制変換をやり遂げた岸田政権

ついに二〇二二年の暮れ、日本政府はウクライナ戦争に対応して自国の態勢の転換を成し遂げた。

一一月二二日、「国力としての防衛力を総合的に考える有識者会議」が岸田首相に報告書を提出した。元外務次官の佐々江賢一郎氏が座長となり、山口寿一（読売新聞グループ本社社長）、船橋洋一（朝日新聞社元主筆）、喜多恒雄（日本経済新聞社顧問）の各氏と、財界人数人と元防衛次官の黒江哲郎氏、京都大学教授中西寛氏が加わったこの会議は岸田首相が望む通りの提言を提出したようであった。

その会議の一ヵ月後には、早くも政府は目指す「防衛三文書」改定案の閣議決定に進み、ついに一二月一六日には岸田首相は国家安保戦略など三文書を改定することを閣議決定した。「国家安全保障戦略」の冒頭には次の文言が書き込まれた。

「ロシアによるウクライナ侵略により、国際秩序を形作るルールの根幹がいとも簡単に破られた。同様の深刻な事態が、将来、インド太平洋地域、とりわけ東アジアにおいて発生する可能性は排除されない。（中略）我が国周辺では、核・ミサイル戦力を含む軍備増強が急速に進展し、力による一方的な現状変更の圧力が高まっている。（中略）防衛力の抜本的強化を始めとして、最悪の事態をも見据えた備えを盤石なものとし、我が国の平和と安全、繁栄、国民の安全、国際社会との共存共栄を含む我が国の国益を守っていかなければならない。」

ウクライナ戦争が起こったことで国際関係が一変した。そのため、「ウクライナは東アジアの明日だ」と考え、わが国の安保防衛態勢を抜本的に強化する必要があるというのが基本的な姿勢である。しかし、日本や東アジアがウクライナのような状況になるという、そのような認識を持つこと自体が非現実的であり、採択された政策方針は適切妥当なものではない。

たしかに、ウクライナ戦争が起きてヨーロッパが危機的な状況になっている。しかし、東北アジア、東アジアでは、ウクライナ戦争の前から緊張した対立状況が続いていたのだし、外交面でも失敗を重ねてきた。そして国交が断絶しているところもあり、武力革命を求める思想もまだ残っている。中でも、日朝関係は極度の緊張関係に達しており、深刻な状況に陥っていた。こうした危険極まりない情勢が続いているため、ウクライナ戦争の火の粉が飛んでこないように、火の粉が飛んできても、火がつかないように、この地域の緊張を緩和させる方向に、従来以上に突き進まなければならないのだ。したがって、日本を含めた東アジアにおいて安保防衛態勢を強化させ、堅固にしていくということは時代錯誤の誤った国策であり、国民の安全と平和は失われかねない道なのだ。

「国家安全保障戦略」に盛り込まれたのは、第一に安全保障に関わる総合的な国力をひきあげること、第二に戦略的なアプローチとして危機を未然に防ぎ、平和的な国際環境を創出する外交を展開することである。

第二項の（1）には、「ア　日米同盟の強化」、「ウ　我が国周辺国・地域との外交、領土問題を含む諸懸案の解決に向けた取組の強化」が挙げられている。第二項の（2）が「我が国の防衛体制強化」である。そこに「ア　国家安全保障の最終的な担保である防衛力の抜本的強化（①領域横断作戦能力、スタンド・オフ防衛能力、無人アセット防衛能力を強化②反撃能力の保有③自衛隊と海上保安庁との連携強化）④二〇二七年度に防衛関連予算水準が現在のGDPの二％に達するよう所要の措置」が書き込まれた。

「国家防衛戦略」と「防衛力整備計画」は「国家安全保障戦略」が打ち出している防衛体制の強化策を具体的に説明している。「国家防衛戦略」では、「周辺国」として中国、北朝鮮、ロシアの三国を挙げ、中国は「深刻な懸念事項」であり、北朝鮮は「従前よりも一層重大かつ差し迫った脅威」だとし、ロシアはインド太平洋地域において「防衛上の強い懸念」であると指摘している。これでは、これらの三つの国は日本の「仮想敵」であるとすると言っているに等しい。

この新政策は日本の安保防衛戦略を決定的に改め、アメリカが進める東アジアにおける「専制主義国家体制との対決」という構図の中に日本を繰り込むものである。そしてそれがウクライナ戦争体制への東北アジア、東アジアの接合として行われたのである。

こうして日本の体制の変換を行った岸田首相は、二〇二三年一月一三日、ワシントンを訪問し、バイデン大統領に日本の新政策決定を報告した。そしてバイデン大統領から全面的に支持するという承認のお言葉を得たのである。

ウクライナのさらなる最新鋭兵器獲得の努力

二〇二三年一月、NATOとEU、そしてG7諸国はウクライナへの提供兵器の格上げを巡って揺れていた。プーチン大統領によるドンバス二共和国、南ウクライナ二州の併合宣言に対抗して、クリミア奪還、対ロシア戦争勝利のウクライナ側の宣言が出された後、ウクライナは戦争勝利のために、支援国に最新鋭戦車三〇〇両と新鋭戦闘機の提供を求めていた。

アメリカとドイツは長くこの武器の提供を拒んできた。ロシアとの決定的な対立を招くという懸念があったからだ。しかし、ウクライナはこの武器供与の件でNATO内部の対ロ強硬派を動かし、アメリカとドイツに対して圧力を加えた。

NATO内部には、「合同遠征軍（JEF＝Joint Expeditionary Forces）」と呼ばれるヨーロッパ一〇ヵ国から編成されるグループがある。このグループは、二〇二二年一二月一九日に、ラトビアの首都、リガで会合を開いた。イギリスが中心となり、バルト三国、ノルウェー、NATO加入申請中のスウェーデン、フィンランドなどが参加した。英国のリシ・スナク首相は、ロシア軍が撤退するまでは「本当の交渉はありえない」と強調し、「ロシアによる一方的な停戦の呼びかけは完全に無意味だ」と語った。ラトビアのクリシュヤーニス・カリンシュ首相も、和平交渉がロシア軍の立て直しの時間稼ぎに利用されるおそれがあると主張し、「何が必要かを決めるのはウクライナだ」と言い切った。この会合は、ロシアがウクライナ侵略を続ける限り和平交渉を支持しないことで一致した。さらに、ウクライナの勝利が欧州の安全保障にとって不可欠だとして、ウクライナへの支援を継続強化する方針を謳った共同声明を発出した（「読売新聞」一二月二一日）。より高度な武器をウクライナに与えよ、とドイツに圧力を加えたのである。

このような支援を背景に、ゼレンスキー大統領は初の訪米に踏み切った。一二月二一日、ゼレンスキー大統領はワシントンに到着し、バイデン大統領と会談した。バイデン大統領はウクライナへの支援を約束し、迎撃ミサイルシステム「パトリオット」一基、航空機搭載の精密誘導弾など、一八億五〇〇〇万ドルの軍事支援を与えた。ゼレンスキーは一一月にG20の会議で出した戦争の終結に向けた自らの提案「平和のフォーミュラ」について説明し、支持を求めた。共同記者会見でゼレンスキーは、「侵略の長期化を見据えて、来年度の見通し、備えについて協議した。和平のために自国の主権、自由、領土保全に関して妥協しない」と述べた。

さらにゼレンスキー大統領は上下両院合同会議で演説を行い、アメリカとウクライナの同盟の意義を強調し、こう述べた。

「われわれ両国はこの戦闘における同盟国です。来年はターニング・ポイントとなるでしょう。私は知っています。ウクライナ人の勇気とアメリカの決意がわれわれの共同の自由の将来、自らの価値のために戦う人民の自由を保障しなければならないポイントとなるのです」

バイデン大統領との会談については、次のように述べた。

「ウクライナはすでに提案を出しています。バイデン大統領と話し合ったばかりのわれわれの平和のための一〇項目のフォーミュラです。(中略)私はバイデン大統領が今日われわれの和平イニシアティヴを支持して下さったとお伝えできるのをうれしく思います。」

これは微妙な表現である。バイデンはウクライナの和平案「平和フォーミュラ」を支持すると端的には言わなかったと見るのが正しい。

しかし、ともあれ、この後二〇二三年一月に入って、ウクライナ軍事支援の異次元引き上げが進行した。一月一一日ポーランドが保有するドイツ製戦車「レオパルト2」のウクライナ提供を表明した。しかし、ドイツの了解がなければ、この提供は実現できない。ドイツの態度はなおも保留であった。ドイツの国内ではショルツのドイツ社会民主党と連立をくむ緑の党が重火器や戦車の供与を主張していた。他方でショルツ首相あてに戦争の拡大反対、武器提供反対を主張する公開書簡に五〇万人が署名していた。世論調査でも賛成が四六%で、反対が四三%と拮抗していた。一月二〇日、ドイツで開かれたウクライナ軍事支援の国際会議では、ドイツのショルツ首相は自国製レオパルトの提供についてなお明言しなかった。それでイギリスが自国の戦車「チャレンジャー2」一四両を提供すると発表したのであった。

その後ショルツはついに折れて、米国も戦車を供与するなら、ドイツも供与すると明言した。それを受けて、米国も「M1エイブラムス」戦車の提供に踏み切った。そこでショルツは一月二五日に「レオパルト2」の提供を発表した。

ドイツの「リンケ」のザーラ・ヴァーゲンクネヒト（左）、ジャーナリストのアリス・シュヴァルツァー（右）もウクライナへの武器供与の停止などを求める声明を発表した。

これで新鋭戦車三〇〇両供与への決定的な前進がなされたのである。もちろん、これらの新鋭戦車を操縦するには兵士の訓練が必要になる。その訓練が直ちにはじまった。戦車が到着するのはすぐにではない。それにしても、将来のウクライナ軍の大攻勢を前に、ウクライナ全戦線は緊張した状態にある。ただ一ヵ所、バフムトで激しい攻防戦が集中的に戦われている。

このショルツ首相の決定に対してドイツの市民は立ち上がった。二月一〇日、ドイツ議会の最左派少数党の左翼党「リンケ（Die Linke）」のザーラ・ヴアーゲンクネヒトとジャーナリストのアリス・シュヴァルツァー、二人の女性が起草して、ドイツの知識人、芸術家二八人が署名した「ショルツ宰相への公開書簡」が雑誌「エマ」に発表され、オンライン署名サイト「Change.org」で署名集めがはじまった。シュヴァルツァーは第二書簡に参加したが、第三書簡には参加していなかった。ヴァーゲンクネヒトは国会議員で、左翼党の議員団長も務め、現在は党首ラフォンテーヌの夫人でもある。

「今日はウクライナでの戦争がはじまって三五二日目です。これまで二〇万人以上の兵士と五万人の市民が殺されました。女性は犯され、子供たちは怯え、全国民がトラウマに苦しんでいます。戦闘がこのように続くなら、ウクライナは遠からず人のいない、破壊された国になってしまいます。ヨーロッパ中の多くの人々が戦争の拡大を恐れています。彼らは自分たちの将来と自分たちの子供の将来を恐れています。

ロシアに侵略されたウクライナの国民はわれわれの連帯を必要としています。しかし、いまや連帯とは何でしょうか。ウクライナの戦場でどれだけ戦い続け、死に続けなければならないのでしょうか。この戦争のゴールは、いまは何でしょうか。一年後にはどうなるでしょうか。ドイツの外相は最近われわれはロシアと戦争をしていると語りました。まじめな話でしょうか。

ゼレンスキー大統領は彼のゴールを隠していません。約束された戦車の次には、彼はジェット戦闘機、長距離ミサイルと軍艦を要求しています。軍艦に乗ってロシアを打ち負かすつもりでしょうか。ドイツの首相はいまなおジェット戦闘機や地上軍をおくりたくないと断言しています。しかし、最近数カ月のうちに何本のレッド・ラインを越えたのでしょうか。

プーチンはクリミアを攻撃されれば、最大限の反撃に出ると恐れられていますが、当然です。そうなれば、われわれは滑りやすい斜面を容赦なく世界戦争と核戦争に向かってころげおちていくのでしょうか。この戦争は、こんなふうに始まった最初の戦争ではありませんが、おそらく最後の戦争になるのでしょう。

ウクライナは、西欧に支持されれば、個々の戦闘に勝利することはあるでしょう。しかし、世界最大の核大国と戦って勝利することはありません。これは、米国の軍のトップ、ミリー将軍が言っていることです。彼はどちらの側も軍事的に勝利できず、戦争は交渉のテーブルに座って初めて終わらせることができるという行き詰まりについて語りました。ではどうしてそれがいまでないのですか。いますぐでないのですか。

交渉は降伏ではありません。交渉は双方が妥協することを意味します。さらに数十万人、それ以上の死者を出さないというゴールをめざしていくことです。それがわれわれの考えていることです。ドイツの国民の半分が考えていることです。われわれの言うことに耳を傾ける時ですよ。

われわれドイツの市民は米国とロシア、あるいはヨーロッパの隣国に直接影響をおよぼすことはできません。しかし、われわれは、われわれの国の政府と首相に彼の誓い、「ドイツ国民を害から防ぐ」を考慮に入れ、忘れないようにさせることはできますし、しなければならないと思います。

われわれは首相に要求します。武器提供のエスカレーションをとめることを。いまこそ首相は、ドイツのレベルでもヨーロッパのレベルでも、停戦と平和交渉のための強力な同盟を先導しなければなりません。いまこそです。一日おくれれば、一〇〇〇人の命が失われ、第三次世界戦争にそれだけ近づくからです。」

この声明に最初に署名した六九人の中にはドイツ社民党党首、元州首相を務めて、のち脱党して左翼党党首となったオスカール・ラフォンテーヌが新たに加わり、第一声明代表で、第三声明にも参加した女性の長老フォルメル元国会副議長が加わり、メルケル前首相の協力者ファド将軍と国連外交官ミハイル・フォン・シューレンベルクが第三声明について参加した。ギセーラ・マルクス（ジャーナリスト）、ヘルケ・ザンデル（映画製作者）、アリス・シュヴァルツェル、ペテル・ヴァイベル（芸術メディア理論家）らの四名は第二声明に続く参加であった。

署名を集めるために二月二五日ベルリンのブランデンブルク門の前で「平和をもとめる決起」という集会が行われ、警察発表では一万三〇〇〇人、主催者発表では五万人が集まった。集会ではアメリカ・コロンビア大学の経済学者ジェフリー・サックスがビデオ参加し、連帯のメッセージを伝えた。声明起草者の他、ファド将軍が演説した。署名者は二ヵ月で七七万人に達した。なおドイツの声明運動の中心にいたアントイェ・フォルメル女史はこの声明を出した後、三月一五日に八〇歳で逝去した。

この平和宣言運動はドイツの内外で大きな波紋を起こした。二月のある世論調査では、三九％が宣言に賛成、もしくはどちらかといえば賛成、三八％が反対、どちらかと言えば反対で、拮抗していた。いくつかの研究機関の関係者は、この宣言がロシアによるウクライナ領土の併合を無視していると非難した。西欧の武器の支援が平和交渉を現実にするのだ、ロシアの核攻撃の危険性を伝えるのはロシアの核の脅しを正当化させる、などと批判した。ドイツ・キリスト教民主同盟（ＣＤＵ）からは「ウクライナを見捨てるのか？　われわれの名で言うな」という署名運動が始まった。自由なき平和は平和ではないという主張である。武器引き渡しをストップせよという主張に対しては、緑の党から強い反論が出た。停戦交渉に向けた呼び掛けに対し、「ナイーヴであるのみならず、いかがわしい」と緑の党のある女性政治家が噛み付いた。

当のショルツ首相は、三月初めに、「プーチン大統領は「目下のところ」公正な講和を交渉する用意がない、自分はウクライナの頭越しに講和を進めることを考えない」と語った。ショルツ首相はもとよりこの少数野党と結びついた市民の批判を受けても、レオパルト戦車を供与するという決定を再検討するつもりはなかった。

他方、ウクライナのドミトロ・クレバ外相は、インタビューの中でドイツで起こったこの平和宣言運動を次のように厳しく批判した。


「「戦争を止めろ」というスローガンのもとで武器の引き渡しをゼロにせよということを上品に宣伝するのをやめるべきだ。そのスローガンの意味することは、「ロシア人にウクライナ人を殺させせ、拷問させせ、犯させるままにせよ」ということだ。」

悩むアメリカ

この間アメリカ政府は悩んでいた。二〇二三年一月二五日の新聞記事がウクライナ戦争についての米国の深い悩みをリークした。それは、「ワシントン・ポスト」紙に掲載された外交コラムニスト、デヴィッド・イグナチウスによる「ブリンケンはウクライナでのゲームの終わり方を考えている」という記事であった。ブリンケン国務長官は記事が掲載された前日の二四日に国務省で記者会見を行ったのだが、そこで彼が語ったことを受けた分析報告である。イグナチウスは次のように書いている。

「ブリンケンとの会話は、政府の内部でウクライナでの戦争がどうしたら終わらせられるか、将来の平和はどうしたら保たれるかについて行われた濃密な討論についていくつかのヒントを与えてくれた。政府のスタンダードな定式はすべての決定を最終的に下しうるのはウクライナ政府でなければならないということで、ブリンケンはそのラインを繰り返し述べた。彼はまた戦場での顕著な成果物を得たいというウクライナの願望を擁護した。しかし、国務省、ペンタゴン（アメリカ国防総省）と国家安全保障会議（NSC）はまたその先を考えている。」

アメリカはウクライナ戦争を終わらせる道を考えている、国務省はそのことについて討論を重ねているということが明らかにされた。これはブリンケンがそのように検討していることを、外に、ロシアとウクライナ、それとアメリカの同盟国に知らせるための記事である。
イグナチウスは続けて、ブリンケンのもとで行われている討論の中でクリミア問題が重要な話題となっていることを指摘した。

「クリミアは討論の特別な論点である。ワシントンとキーウに広がっているのはクリミアを軍事的手段で取り戻すのは不可能かもしれないという見解だ。ザポリージャ州やクリミアとロシアを結ぶ橋に向かう軍事的前進はロシアのコントロールを脅かす。しかし、クリミアを征服する一挙前進のウクライナの戦役は非現実的であると米国とウクライナの多くの当局者は信じている。それは部分的には、プーチンがクリミア攻撃は核のエスカレーションへの導火線となると示唆したためである。（アメリカ）政府は二〇一四年にロシアに奪われたクリミアは結局返還されなければならないというウクライナの強硬な主張に同調している。しかし、短期的には、キーウにとって大事なのは、クリミアがもはやウクライナ攻撃の基地にならないということだ。私の興味を引いた一つの案は、最終的政治主権の問題は棚上げにして非軍事化された（クリミアという）地位だ。ウクライナの官吏は、政府とその可能性について話し合ったと去年私に語っていた。」

ロシアによるクリミアの併合は許さないというのが二〇一四年以来のアメリカの立場であった。そのアメリカの判断を頼りにしてゼレンスキー大統領はクリミア奪還の旗を掲げたのであり、そのことがウクライナの最も重要な戦争目的となっている。しかし、クリミア奪還は無理だ、非現実的だとブリンケンたちは考えるに至ったのである。万が一アメリカに支援されたウクライナがクリミアに攻め込んでくるとしたら、プーチン大統領が核を使うのも辞さないということが明確になっていたからだった。

だが、この記事の書き手であるイグナチウスは次に示すように一見矛盾したことを言っている。それをどう理解したらいいのだろうか。

「ブリンケンがウクライナでのオプションを比較考量する際に、ある種の観察者よりエスカレーション・リスクを心配してこなかった。それは、ロシアはNATOの圧倒的な力で強く抑えられていると彼（ブリンケン）が信じているからである。『プーチンは、NATOがロシアを攻撃するという誤った恐怖をもつが故に、何か予備のもの（兵力）を保持し続けている』とブリンケンの考え方を熟知している官僚が説明してくれた。このロシアの予備の兵力とは、戦略爆撃機、正確に誘導されるミサイル、それに当然のことながら戦術、戦略核兵器を含んでいる。」

イグナチウスは記事の前半で、プーチンはNATOの力を怖れているので、戦争をエスカレートしない、としている。しかし、記事の後半では、アメリカはロシアが予備兵力、核兵器を保持していることを承知しているため、戦争のエスカレートはできないと言っているのである。だから、戦争がエスカレートしそうになれば、アメリカはただちに戦争を止める、ウクライナへの支援を止めると示唆している。私はイグナチウスの記事を読み、果たしてアメリカが戦争を止めるということは可能なのだろうか、そしてゼレンスキー大統領は停戦を受け入れるだろうかと首をひねるしかなかった。

アメリカの態度がはっきりしないならば、EUを動かそうとウクライナは考えたようだ。二月五日、ウクライナ戦争が始まって以来、初めてEUとウクライナのサミットが開かれた。EU欧州理事会議長（大統領）シャルル・ミシェル、EU欧州委員会委員長ウルズラ・フォン・デア・ライエン、ウクライナ大統領ゼレンスキーの三者会談であった。ウクライナのEU参加に向けての措置が取られ、EU側はウクライナが提案する一〇項目の「平和フォーミュラ」を承認した。

元ピンク・フロイドのリーダー、安保理で停戦を説く

二月に入り、伊勢崎賢治氏から思いがけないニュースを聞いた。二月八日に行われた国連安保理事会で、元ピンク・フロイドのメンバーで、ベーシストのロジャー・ウォーターズがウクライナ戦争即時停戦を求める演説を行ったという。

ピンク・フロイドの元リーダーのロジャー・ウォーターズは即時停戦を求める演説を2023年２月の国連安保理事会で行った。
写真：gettyimages

彼は、戦争の市民や環境への影響について語った後、「世界中の数え切れないほどの兄弟、姉妹の気持ちとおもわれるものを表現するよう努力したいと思います」とし、「ロシア連邦によるウクライナ侵攻は違法です。できる限り強い言葉で非難します」と述べた。それから彼は利益や世界支配のために国民を犠牲にすることは「災いを招く」ことだと指摘し、「その道を進めば進むほど、押したくてたまらない指がレ

ッド・ボタンに近づいていくのです」と、核戦争を警告した。ウォーターズは最後にこう言った。

「私たちの意見では、唯一の選択肢はウクライナの即時停戦を求めることです。もしもも、しかしも、そしてもありません。ウクライナ人もロシア人も誰一人の命も犠牲になってはいけない。誰もかけがえのない命なのです。」

このウォーターズの安保理演説をリクエストしたのがロシア代表であった。ウォーターズの母親は共産党員で、彼の書いた歌詞はしばしば反米的だとみられていた。二〇二二年九月にはゼレンスキー大統領夫人の発言を批判して、ポーランド・クラクフ市議会の批判を受けて、ポーランドでのコンサートが中止になったということもあったそうだ。だから、そういう彼にロシアが目をつけたというのは間違いのないところだろう。しかし、ともあれロシア代表が招いた人物が国連安保理で即時停戦を望む演説をしたことは、ロシアがいまや停戦を望んでいるということを世界に示したいと願っていることの表れだと考えられる。

なお二〇二二年四月、ピンク・フロイドのメンバーがウクライナへのチャリティ・ソングとして二八年ぶりの新曲「Hey Hey Rise Up」をリリースしたことについて、ウォーターズは「戦争の継続を促してしまう」と批判したことがあった。それでピンク・フロイドのメンバーのデヴィッド・ギルモアは妻のポリー・サムソンとともに、ウォーターズを「プーチンの擁護者」だと非難している。

中国が停戦仲裁へと動き始めた

二〇二三年二月二四日はロシアの侵攻から一年を迎える日であった。この日に向けてまず動いたのはアメリカのバイデン大統領であった。二月二〇日、バイデン大統領は事前の発表なしにウクライナの首都、キーウを訪問し、ゼレンスキー大統領と会談した。バイデン大統領は記者会見で「一年経つが、キーウ、ウクライナ、民主主義は持ちこたえている。米国の人々と世界はあなたたちと共にある」と強調し、一層の支援を約束したと報じられた（「毎日新聞」二月二一日）。しかし、共同声明は出されなかった。同行した国家安全保障問題担当大統領補佐官ジェイク・サリバンによれば、バイデン大統領は「二〇二三年を展望し、目的が何であるかについて共通の理解に到達するように努める」つもりであったとのことだが、それが達成されたかについては明らかにされなかった（「CNN Politics」二〇二三年二月二〇日）。

バイデン大統領がウクライナを訪問したのはこれが初めてのことだった。開戦一年という区切りに、超厳戒態勢の中、アメリカの大統領が決死の覚悟で戦争の当事者の本陣を訪問しなければならなくなったということは、アメリカとウクライナの同盟に何かしらの不安が生まれていることを物語っているのかもしれない。

一方、プーチン大統領は二月二一日に国会に対する年次教書演説を行い、アメリカが履行の義務を果たしていないなどとして、米露間の「新戦略兵器削減条約」(新START)の履行停止を表明した。ウクライナ戦争については、特別な発言をしなかった。戦争を仕掛けてきたのは西側の国々だとし、「われわれは終わらせるために武力行使をしている」と主張した。この点ではウクライナの大統領も同じで、戦争開始から一年にあたり、特別な表明をしなかった。

日本の新聞テレビは開戦から一年、ということで、社説や特集記事でその趣旨に触れた。「日本経済新聞」が「ウクライナ勝利が自由と秩序守る」と見出しをつけた社説で「まずは戦闘停止を」「一刻も早く戦闘を止め、秩序と安定を取り戻さねばならない。日本もその努力を惜しまず、指導力を発揮してほしい。」と述べたのが例外で、「朝日新聞」の社説は「戦争の理不尽　許さぬ知恵を」と題して、「はっきりしているのは、侵略が成功する前例を残してはならないということだ。」とウクライナによる抗戦を煽っている。さらに

「朝日新聞」は二六日に国末憲人編集委員（欧州駐在）による随想「「平和」だけではなく、「正義」を」も載せるという熱の入れようだった。

　そういう大新聞の論調からすると、異色であったのは、朝日新聞社の週刊誌「AERA」編集部の動きであった。二月一三日号に副島英樹広島総局長の主張「ウクライナ戦争の即時停戦を　広島の精神を訴え続けたい」を載せたが、次号では駒木明義論説委員の主戦論的正統論「「勝利」を急ぐプーチン」を載せてバランスをとったとみせて、二月二七日号ではエマニュエル・トッドと池上彰両氏の対談「この戦争に勝者はいない」を掲載し、さらには、私と石破茂、三牧聖子両氏の三人の議論を「停戦へ向け日本は行動を――ウクライナ戦争の停戦を実現する方法」と題して載せたのである。私の発言には「中国とインドを仲立ちにし停戦交渉の協力国に」という見出しがつけられ、石破氏は「日本は、五月に広島で開催されるG7サミットの議長国として行動を起こすべきだと考えています」と述べた。これらは「AERA」によるキャンペーン記事であった。

　そして、ついに中国が行動を起こした。中国の外交トップ王毅外相は二月一四日から二二日までフランス、イタリア、ハンガリー、ロシアを歴訪し、ウクライナ危機の政治的解決という立場を表明した。最後の訪問国であるロシアでは、王毅の発言は歓迎された。ロシアのメディアは中国の停戦提案に好意的であった。そして二月二四日になると、一二項目から成る中国の和平提案「ウクライナ危機の政治的解決に関する中国の立場」の概要が発表された。

「一、国の主権を尊重する。二、冷戦思考を棄てる。三、衝突を停止、闘いを休止する。四、平和的対話を開く。五、人道の危機を解決する。六、民間人と戦争捕虜を守る。七、原子力発電所の安全を守る。八、戦略的リスクを減らす。九、食糧の対外輸出を保障する。一〇、一方的な制裁は停止する。一一、産業チェーンとサプライ・チェーンの安定の確保。一二、戦後再建の推進。」

これらの中国の提案をみると、一通り、考えるべき問題を網羅している。停戦会談の議題としては、捕虜の交換、拉致ないし避難させた民間人の帰還、戦争犯罪の追及などが漏れているが、議論の出発点としては、中国の提案は有益である。何よりも、中国が停戦の仲介、仲裁という役割を担うところに進み出たということが大きい。このニュースが世界に伝わり、中国の外交能力について、賛否両論が起こったまさにその時、三月一〇日、二〇一六年から断交していたイランとサウジアラビアが中国の仲裁により、外交関係を正常化したことが発表された。これはアメリカにとっては衝撃的な展開であった。中国に続き、インドが調停者として名乗りをあげる時期がくるかもしれない。まさに私たちが開戦直後から提案してきたことがようやく現実化しそうな勢いである。

「ＡＥＲＡ」はその後、三月六日号にも佐藤優と加藤登紀子両氏の対談「ウクライナ戦争即時停戦を」を載せた。すると、休刊が予告されていた「週刊朝日」も三月一〇日号で、東郷和彦・伊勢崎賢治・木村三浩（一水会代表）三氏による特別鼎談「岸田首相よ、バイデン大統領に停戦交渉を呼びかけよ！」を載せた。

岸田文雄首相のキーウ訪問

この間、ウクライナの東部戦線では、ロシア側のバフムト攻略戦が長らく続いていた。特徴的なのは、この戦闘の主力部隊は民間軍事会社ワグネルの部隊であったことであり、司令官としてワグネルのプリゴージンが表に出て、戦況を説明することになった。二〇二三年三月八日、プリゴージンはワグネルがバフムト東部を制圧したと発表した。このあたりからショイグウ国防相とゲラーシモフ参謀総長が砲弾をワグネルに提供しないと不満を露わにするという異様な事態が始まった。

この中で、日本政府だけは何も考えずに、アメリカの要請に従って、真一文字にウクライナ戦争に呼応しようと突進した。岸田首相は三月二一日、インド訪問を切り上げて、ひそかにインドを離れ、ポーランドに飛び、ウクライナの首都キーウを訪問した。岸田氏はブチャを訪問し、虐殺された死者の墓前に額《ぬか》ずき、ゼレンスキー大統領と会談して、ロシアが無条件撤退するまでウクライナと連帯することを約束した。そして五月のG7広島サミットでは「G7として法の支配に基づく国際秩序を守り抜く決意を示したい」と述べた。岸田首相は訪問の手土産として「必勝しゃもじ」を持参し、ゼレンスキー大統領に渡した。これは日露戦争に出征する兵士が「敵をめしとる」という気持ちで宮島の嚴島神社に奉納したという由来がある郷里の品である。武器を提供はできないが、ロシアと戦う気迫を伝えるつもりであったのだろうか。

両首脳は日本とウクライナの関係を「特別なグローバル・パートナーシップ」に格上げすることに関して共同声明に署名した。そこでは、「両首脳は、ロシアによるウクライナに対する違法で、不当で、いわれのない侵略を（中略）最も強い言葉で非難した。両首脳は、ロシアの（中略）侵略が（中略）欧州・大西洋地域のみならず、インド太平洋地域及びそれ以外の地域における安全、平和及び安定に対する直接的な脅威となっているとの認識を共有した」と述べている。さらに、「両首脳は、国際的に認められた国境内におけるウクライナの主権及び領土一体性を完全に回復することが（中略）不可欠であるとの見解で一致した。日本は、公正かつ永続的な平和の回復に向けたウクライナの努力を称賛し、ゼレンスキー大統領の平和フォーミュラの実施に向けた努力への支持を表明した」と述べた。

岸田首相はロシアと戦争しているウクライナの主張を全面的に支持し、その戦争目的とウクライナの「平和フォーミュラ」を支持したのである。さらに、この共同声明はロシアと戦争しているウクライナの問題が全世界的な問題であることを確認し、ロシア対ウクライナの軍事的対決にあわせて、インド太平洋地域でもロシアとの対決に努力すると表明したことを意味する。そのことは、共同声明の次の部分からも明らかになる。

「両首脳は、欧州・大西洋とインド太平洋の安全保障の不可分性を認識し、（中略）基本的な価値や原則を共有する重要なパートナーとして、（中略）自由で開かれた国際秩序を維持・強化すべく共に協力する意図を再確認した。その目的に向けて、ゼレンスキー大統領は、防衛力の抜本的強化（中略）などを含む日本の国家安全保障戦略の策定を称賛した。」

「両首脳は東シナ海及び南シナ海情勢への深刻な懸念を表明し、（中略）いかなる一方的な現状変更の試みにも強く反対した。」

「両首脳は、関連する国連安保理決議に従い、北朝鮮の全ての大量破壊兵器（WMD）

及び全ての弾道ミサイルの完全な、検証可能な、かつ、不可逆的な廃棄を実現することに引き続きコミットしている。両首脳は、拉致問題の即時解決の重要性を強調した。」

こうなると、岸田首相はウクライナのロシア抗戦を支援する気持ちをウクライナ国民に伝えることから前進し、戦うウクライナに呼応して、東北アジアで日本海を挟んで隣り合うロシアとロシアを支持する北朝鮮と対決するつもりだということを宣言したことになるのである。ウクライナに同情するのは当然だとしても、現に一年間戦争をしている国家と世界政策を共有する、グローバル・パートナーシップを結ぶということが平和国家日本の首相に許されるのであろうか。憲法に従って、国民の安全と平和な生活を守るべき首相がアメリカに促されて、国民の安全と平和を危うくする道に飛び込もうとしているのである。岸田首相のこの行為は憲法違反の行為である。首相はこの路線を「完成」させるために五月一九日に開幕するG7広島サミットを運営しようとしているのである。

岸田首相とゼレンスキー大統領のグローバル・パートナーシップ声明は、ウクライナ戦争拡大の宣言だと言わなければならない。私は慄然とした。ロシアは二〇世紀初頭以降、東西から挟撃されることを恐れ、そのことを回避しようとしてきた国である。一九四一年、ヒトラー・ドイツがソ連に侵攻した時、ソ連は極東の兵力を西に送り、ドイツ軍をスターリングラードで食い止めるために用いた。それは日ソ中立条約によって日本が東からソ連を攻撃することがないという保障を与えていたことによって可能になった。その点からすると、ヨーロッパでロシアと戦っているウクライナと極東の日本がグローバル・パートナーシップを結ぶということはロシアと日本の関係を一段と緊張させる危険な行為であることは間違いない。それ以上に、共同声明の末尾に「拉致問題の即時解決の重要性」を加えた厚顔ぶり、非人間性に私は打ちのめされた気分となった。

「民主主義のためのサミット」

三月二九日と三〇日に、アメリカ主導のもと、オンラインで「第二回 民主主義のためのサミット」が開催された。日本やヨーロッパ諸国など約一二〇の国や地域の首脳らが出席した。ブリンケン国務長官は自身が主催するプレ・イベントで挨拶をした。

「去る一二月、バイデン大統領はゼレンスキー大統領をホワイトハウスに迎え、ウクライナの和平枠組みについて討論した。そして今日われわれは、正しい永続性ある平和への道にウクライナとともに立つ同志民主主義国を歓迎している。なぜならウクライナの将来と国際秩序の将来こそまさに問われているからである」

ブリンケン国務長官の挨拶に続いて、クレバ・ウクライナ外相が演説をし、ウクライナの一〇項目から成る「平和フォーミュラ」について説明した。

「われわれは民主的世界全体を防衛しているのである。ウクライナほど平和をのぞんでいる国はない。しかし、どんな犠牲を払っても、平和をというのは幻想だ。なぜなら永続する平和のためには、正義の平和でなければならないのだ」

さらに、中国を念頭に置いて話したのだろう、クレバ外相は「他の国」がこの点でイニシアティヴをとっているとし、次のような話もした。

「ウクライナ国民はロシアの侵略の完全な停止、ウクライナ領内からのロシア軍の完全な撤退、国際的に承認された国境内での我が国の領土保全の再建を保障する限りでのみ平和を受け入れると強調したい」

「私はすべての国がウクライナの平和フォーミュラを動かす決意を再確認し、努力に参加するよう促したい」

ブリンケン国務長官は、この演説に反応して、平和は「正しいものでなければならず、永続的なものでなければならない。そうでなければ、最終的にゼロになってしまう」と述べただけであった。それからフランス、チェコ、イスラエル、イタリア、リベリア、ザンビア、アルゼンチンから発言があり、最後に日本の林外相が話した。ゼレンスキーの平和フォーミュラを明確に支持したのはリベリアと日本だけだった。林芳正外務大臣は、「ロシアのウクライナ侵略は、国際社会が長きに亘る懸命な努力と多くの犠牲の上に築き上げてきた国際秩序の根幹を揺るがす暴挙」と非難し、岸田総理がウクライナを訪問した際、「正しい平和への道としてゼレンスキー大統領が擁護している「平和フォーミュラ」に対する日本の高い評価を伝えた」と述べた。

混迷する日本の平和運動勢力

日本政府のこのようなウクライナ戦争参加の方針に対して与党自民党以外の各党や各政治勢力はどのような認識と方針を持っているのか、甚だ心もとない状態が続いている。

公明党は、自民党と連立を組み、政権の一角を成しているが、二〇二三年一月一一日、基盤組織である創価学会の名誉会長池田大作氏が「国連による関係国会合を開催し停戦合意の早期実現を！」というウクライナ戦争停戦の呼びかけを発表しているにもかかわらず、岸田首相のウクライナ戦争准参戦の姿勢に異議を唱えないというのは異様である。

日本共産党は野党の中で最も力量のある存在だが、ウクライナ戦争については、「ロシアは侵略を止めよ」「国連憲章を守れ」というだけに留まり、全世界の政府と市民社会が声を上げ、力を合わせるように呼び掛けるという方針を堅持しているので、ウクライナの自衛戦争を武器と情報と資金でＮＡＴＯ諸国が支援する世界的な動きの中に埋没してしまい、岸田政府に対して十分な圧力を与えるに至っていない。

日本の護憲平和志向の運動団体の中で中心的な立場に立つ、山口二郎氏（法政大学教授）や中野晃一氏（上智大学教授）らによる「安保法制の廃止と立憲主義の回復を求める市民連合」は、安保法制に反対した運動の中から生まれ、野党連合の誕生と存続のために働いて来た。この市民連合は二〇二三年初頭、通常国会開会に向けて野党に要請書を出したが、その中で野党各党が共同して取り組んで欲しい課題を提示した。「北東アジアにおいて、軍事的緊張を高めるのではなく、平和確立の努力をすること」と「ウクライナ侵略戦争に反対し、ロシアによる小型原子爆弾使用を絶対に許さず、唯一の戦争被爆国日本としての役割をは果たし、停戦に向けての外交努力を行うこと」の二点である。

第二項目は妥当であるが、その主張をより迫力のあるものにするためには、最初に「ウクライナ戦争の停戦のために働く」ことを言わなければならないのではないか。これでは日本政府が「ウクライナは明日の東アジア」というキャッチワードで国民に軍拡路線を押しつけていることに対し、野党に十分な対抗をしてもらうことはできるだろうか。

毎年五月三日の憲法記念日には、「戦争させない・9条壊すな！総がかり行動実行委員会」主催の憲法大集会が開催されるのだが、二〇二三年の集まりを呼び掛けるビラが三月末には配布された。そのビラには以下の訴えが書かれてあった。「改憲発議を許さず、憲法をいかし、平和といのちとくらしと人権を守ります」「軍拡と敵基地攻撃能力保有の閣議決定を撤回し、外交努力での平和を求めます」「辺野古新基地建設と南西諸島へのミサイル基地配備の中止を求めます」……。これらを見て私は驚いた。どこにもウクライナの「ウ」の字もない。世界的な戦争が一年も続いているのに、それに対して何も言及せずに、自分たちの平和を求めることはできない。

東北アジアの現実

東北アジアで岸田政府が進める軍拡路線を正しく評価するためには、東北アジアの軍事情勢をリアルに認識しなければならない。私は、二〇二二年一一月に市川房枝記念会女性と政治センターの雑誌「女性展望」に求められて一一月‐一二月号に「戦争回避のために何をすべきか」と題した記事を寄稿した際、東北アジアの軍事情勢について自分の考えを述べた。その議論をここで説明しておきたい。

現在米国が専制体制国家として危険視する中国、ロシア、北朝鮮が並んでいるのが東北アジアなのである。この三国はいずれも現在核武装している。その三国の前に核兵器をもたない韓国、日本、台湾が並んでいるが、この三国は世界最大の核大国米国の庇護を受けており、韓国、日本には米軍基地があり、米軍が常駐している。韓国と北朝鮮は七三年前に武力統一のための戦争を戦ったが、米軍と中国人民志願軍が参戦して、どちらも勝利できず、統一はできず、ほぼ開戦前の境界線をななめにしたところで、三年後に停戦した。以後平和体制に移行できず、停戦線をはさんで、米韓軍と朝鮮人民軍とが対峙して七〇年になる。南北は武力統一の考えを放棄したことを幾度となく確認している。だから、今日では米朝の軍事的対峙が基本で、核兵器と大陸間長距離ミサイルで武装した北朝鮮が軍事超大国米国と対抗している状態である。トランプ政権の末期に二度の米朝首脳会談があったが、流産におわった。米朝戦争がおこるとすれば、日本海に進出した米海軍の艦船から巡航ミサイルで北朝鮮の軍事拠点を一斉に攻撃するのがはじまりだろう。

日本は拉致事件を理由にして北朝鮮を敵視しており、日朝国交正常化の課題を投げ捨て、日朝間の関係は完全に断絶している。北朝鮮は不測の事態がおこれば、在日米軍基地をミサイル攻撃すると２０１７年に公言した。北朝鮮は通常兵器の劣勢を補うために、核武装をしているので、通常兵器と核兵器を区別していない。危機のさいミサイル攻撃するときは核弾頭付きのミサイルも使うだろう。核兵器を使うには、アメリカは遠すぎるし、韓国は近すぎる。北朝鮮の核兵器はさしあたりは日本向けのものである。日本海の沿岸には稼働中ないし停止中の原子力発電所がならんでいるので、通常弾頭のミサイルでも直撃されれば、核爆発がおこりうる。このような極度に危ない地域では、戦争を絶対におこしてはならないのだ。火薬樽の上でマッチをすってはいけないのである。日本海を戦争の海にしてはならない。

日本は、憲法9条によって、武力の行使、又は武力による威嚇によって国際紛争を解決することを永久に放棄している不戦平和国家である。日本は日清戦争からはじめて、50年間戦争国家として、中国への戦争を続けてきて、１９４５年に中国、米国、英国、ソ連に降伏した。そして中国からうばった台湾、遼東半島、満州を返還し、朝鮮の独立をみとめたのである。中国、朝鮮と二度と戦争をしないというのが１９４５

年8月15日の誓いである。だから、かりに中国側が尖閣諸島に対して行動をおこしても、日本政府は自衛隊に行動を命じてはならない。あくまでも外交交渉により中国側の撤退を要求しなければならない。

台湾をめぐる軍事衝突には介入することは絶対にあってはならない。沖縄から米軍が出動することも防がなければならない。米軍が出撃するのを認めるように事前協議をもとめてくれば、当然に拒否しなければならない。日本は台湾が中国の一部であることを再三認めてきた。したがって、台湾をめぐる米中戦争に関与することはできない。もとより、中国側が台湾は中国の一部だと主張して、軍事的手段によって統一を図ろうとするなら、中国国民と台湾島民の生活の安全と平和のために、外交手段を通じて諫め、反対し、牽制するのは当然だ。これはかつて中国に侵略し、台湾を植民地支配した者の責任である。

北朝鮮は米朝戦争という不測の事態があれば、在日米軍基地をミサイル攻撃すると公言した。その北朝鮮に対して日本は拉致への憎しみから敵対し、制裁を極限にまで高め、一切の経済関係を遮断し、国交正常化を拒否している。それでも北朝鮮は日本が北朝鮮を攻撃する兵器を保有していないということで留保をつけ、日朝国交正常化の望みをすてていなかった。しかし、岸田政権の巡航ミサイル「トマホーク」の購入配備の決定は日朝関係を極度に先鋭化する。米朝戦争、日朝戦争は絶対阻止しなければならない。

さらにこの地域で戦争を絶対におこさせないためには、日本の側から戦争の種をまいてはならない。領土問題はかつてもいまも戦争の原因になってきた。日本政府は、1945年8月15日に終わった戦争でロシアにとられた南千島の3島と歯舞群島を「不法に占拠された固有の領土」として、返還を要求している。日本にはそんな気持ちはないとしても、ロシアの側はいつかは日本の自衛隊が「固有の領土」をとりもどしに侵入してくるのではないかと警戒するのではなかろうか。韓国は独島（竹島）までを領土として独立したのだと主張し、実効支配してきたが、近年日本は学校教科書に竹島は日本の「固有の領土」だと書いて、教えるようになった。韓国も日本の自衛隊が攻めてくるとは思っていないだろうが、独島はつねに精神の緊張の種である。ウクライナ戦争の私たちの地域への拡大を絶対的に防ぐつもりなら、日本は70年前に失った領土に対する要求もきっぱりと断念すべきである。

東北アジアに戦争を拡大させないためには、日本は平和外交に徹底しなければならない。
このような東北アジアの地、広島で二〇二三年五月にG7のサミットが開催され、日本が議長国としてホスト役を務める。これは私たちの運命を決めるような会議になるかもしれないと私は考えた。

第10章 Ceasefire Now!——世界中で広がる「今こそ停戦を！」の声

G7広島サミットに向けた市民宣言

私はこの状況の中で、五月一九日から広島市で開かれるG7サミットが特別に重要な目標となると判断した。当初、アメリカ、イギリス、ドイツ、フランス、イタリア、カナダの首脳に加え、韓国、インドなどの首脳も参加し、ウクライナのゼレンスキー大統領もオンラインで参加すると発表されていた。ウクライナ軍の反転大攻勢の開始直前か、それとも、開始と同時かに開催される「ウクライナ戦争支援国」と「准参戦国」が参加する会議である。ウクライナ戦争はすでに全ヨーロッパにおよぶ戦争になっている。G7広島サミットはウクライナ戦争をヨーロッパから東アジアに拡大し、准世界戦争にするための会議ではないかと考えられた。

ユーラシアの大国ロシアはヨーロッパで戦争するときには、東の後方、極東での安全を重視した。今回も東アジアでの防御に関心を示していた。ヒトラー・ドイツに攻め込まれた時には、日ソ中立条約で極東の安全は保障されていた。東北アジアの日本にロシアの敵国が結集して圧力を加えることは、来るべきウクライナの総反攻の前に必要な布石を打つことになる。

私は二月の半ばから伊勢崎賢治、岡本厚の両氏と話し合い、ついに三月二日の会合でG

7広島サミットに集まる首脳たちに訴える日本市民の宣言を出すことを決めた。宣言の原案は私が起草し、伊勢崎氏が修正、補足を行った。三月八日には三人の声明がまとまって、発起人となる署名者を集める作業に入った。

まず二〇人から三〇人ほどの第一次署名者を集め、その上で広く支持署名を集めることにした。ドイツの声明は七〇万人の署名を集めたということをすでに知っていたので、私たちがこれまで出してきた声明では効果を発揮しない、と考えたのである。そこで、私たちは世界最大のオンライン署名サイト「Change.org」を使うことにした。

五月三日の憲法記念日には、毎年、いくつかの団体が憲法擁護、改憲反対の意見広告を出しており、また同じ日に平和フォーラム、全労連（共産党系）、護憲市民団体などの連合体、総がかり行動実行委員会が大集会を行うことはよく知られている。私はこれらの運動が一年以上続くウクライナ戦争についてどのような態度を表明して、岸田政府の軍拡路線に反対するのか、強い関心を抱いていた。となると、私たちもただ声明を出すだけでなく、新聞に意見広告を出して、主張の渦に加わることが必要であった。大新聞は停戦の呼びかけを正面からとり上げることはいまだない。そのような風潮を打ち破るためにも意見広告を出すことは必要であった。そのためには、数百万円を集めなければならない。一方で、そんな大金を集めることは無理だという考えもあった。クラウドファンディングを利用して、資金を集めることが可能なのかもしれないが、実務作業のことを考えると、資金集めは難事業であった。そのような中、伊勢崎氏が知り合いの環境問題広告エージェント「サステナ」の代表マエキタミヤコ氏を誘ってくれ、私たちには新しい可能性が開かれた。四月五日に発表した声明は次のようなものであった。

2023年5月広島に集まるG7指導者におくる日本市民の宣言

私たちは日本に生きる平和を望む市民である。

ウクライナ戦争はすでに一年つづいている。この戦争はロシアのウクライナへの侵攻によってはじまった。ウクライナは国民をあげて抵抗戦を戦ってきたが、いまやNATO諸国が供与した兵器が戦場の趨勢を左右し、戦争は代理戦争の様相を呈している。数知れぬウクライナの町や村は破壊され、おびただしい数のウクライナ人が死んでいる。同時にロシア軍の兵士もますます多く死んでいる。これ以上戦争がつづけばその影響は地球の別の地域にも拡大する。ロシアを排除することによって、北極圏の国際権益を調整する機関は機能を停止し、北極の氷は解け、地球の温暖化がさらにすすむことになる。世界の人々の生活と運命はますますあやうくなるのだ。核兵器使用の恐れも原子力発電所を巡る戦闘の恐れもなお現実である。戦争はただちにやめなければならない。

朝鮮戦争は開戦一年と15日後に、参戦国米国が提案し、交戦支援国ソ連が同意したため、正式な停戦会談がはじめられた。ウクライナ戦争では開戦5日目にウクライナ、ロシア二国間の協議がはじめられ、ほぼ一カ月後にウクライナから停戦の条件が提案されると、ロシア軍はキーウ方面から撤退した。しかし、現実的な解決案を含むこの停戦協議は4月はじめに吹き飛ばされてしまい、戦争は本格化した。以来残酷な戦争がつづいてきた。開戦一年が経過した今こそ、ロシアとウクライナは、朝鮮戦争の前例にしたがって、即時停戦のために協議を再開すべきである。

幸いなことに、この戦争において、穀物輸出と原発については、国連やトルコなどが仲介した一部停戦がすでに実施されている。人道回廊も機能している。こうした措置は、全面停戦の道筋となりうる。中国が停戦を提案したこともよい兆候である。ヨーロッパ諸国でも停戦を願う市民の運動が活発化している。G7支援国はこれ以上武器を援助するのではなく、「交渉のテーブル」をつくるべきだ。グローバル・サウスの中立国は中国、インドを中心に交渉仲裁国の役割を演じなければならない。

ウクライナ戦争をヨーロッパの外に拡大することは断固として防がなければならな

い。私たちは東北アジア、東アジアの平和をあくまでも維持する。この地域では、まず日本海（東海）を戦争の海にはしない、米朝戦争をおこさせない、さらに台湾をめぐり米中戦争をおこさせない、そう強く決意している。

日本は1945年8月に連合国米英両国、中国、ソ連に降伏し、50年間つづけてきた戦争国家の歴史をすて、平和国家に生まれ変わった。1946年に制定した新憲法には国際紛争の解決に武力による威嚇、武力の行使をもちいることを永久に放棄するとの第9条が含まれた。日本は朝鮮の独立をみとめ、中国から奪った台湾、満州を返した。したがって、日本は北朝鮮、韓国、中国、台湾と二度と戦わないと誓っている。日本に生きる市民は日本海（東海）における戦争に参加せず、台湾をめぐる戦争にも参加することはなく、戦わない。

私たちは、日本がG7の意をうけて、ウクライナ戦争の停戦交渉をよびかけ、中国、インドとともに停戦交渉の仲裁国となることを願っている。

この宣言では、ロシアの侵攻、ウクライナ国民の抵抗戦として始まったウクライナ戦争がいまや欧米諸国が兵器を与えてウクライナ人に戦争を続けさせている欧米の戦争、ウクライナの代理戦争に変わってきていることを初めて指摘した。「代理戦争」という表現を私自身は使ったことがなかったが、ここは伊勢崎賢治氏のアドバイスを反映させた。開戦一年を経た戦争の実相を表現するのに、「代理戦争」という言葉ほど的確な言葉はないと考えた。

宣言の後半部分では、ウクライナ戦争の拡大に反対し、東北アジアでの安保防衛体制の強化の名による戦争誘発、戦争挑発に日本の市民は従わないということを明記した。日本政府の政策を改めさせることはできないが、少なくとも戦争をしないという前提にたつ日本国憲法を守る国民の一部は政府の方針に強く反対しているということを、G7広島サミット首脳たちに伝えるためであった。私たちは日本の平和運動に一石を投じるつもりであった。

まずこの声明を支持してくれる第一次署名者、あるいは発起人を手分けして探した。私は「憂慮する日本の歴史家の会」には支持を呼び掛けないつもりであった。実は私たちの会の中には、考えや意見の相違が生まれていた（173頁参照）。そのような状況下で新しい声明の支持をメンバー全員に求めるということは会を分裂させてしまいかねない。私は会を、討論をつづける研究会として運営していくほうがよいと考え、「憂慮する日本の歴史家の会」からは数人を誘うにとどめた。

その一方で、新たに社会学者の市野川容孝氏が加わってくれた。東大にいた頃同僚だった友人の中からは、上野千鶴子氏、姜尚中氏と小森陽一氏が署名者になってくれた。かねてから注目して来た作家の高村薫氏を岡本氏が誘ってくれたことは大変喜ばしかった。さらに伊勢崎氏が田原総一朗氏の支持をとりつけてくれたことも大きな成果だった。暉峻淑子先生は私と同じ地域に住んでおられるが、九五歳になっておられるので、お誘いしなかった。しかし、四月三日に「大泉学園九条の会」が地元の公園で「軍拡反対」の集会を開くというので、見に行ったところ、その集会の挨拶で岸田首相がキーウに宮島の「必勝しゃもじ」を持って行って、ゼレンスキー大統領に渡したことを暉峻先生は痛烈に批判されていた。わたしは感銘をうけて、声明への支持をお願いした。先生はすぐにお返事を下さり、署名者になって下さったのである。

最終的に第一次署名者になってくれたのは以下の三一人の方々である。伊勢崎賢治、市野川容孝（東京大学教授）、上野千鶴子、内田樹（神戸女学院大学名誉教授、武道家）、内田雅敏（弁護士）、内海愛子（恵泉女学園大学名誉教授、新時代アジアピースアカデミー共同代表）、梅林宏道（NPOピースデポ特別顧問）、岡本厚、金平茂紀（ジャーナリスト）、姜尚中、古関彰一（獨協大学名誉教授）、小森陽一（東京大学名誉教授・九条の会事務局長）、酒井啓子（千葉大学教授）、桜井国俊（沖縄大学名誉教授）、鈴木国夫（「市民と野党をつなぐ会@東京」共同代表）、高橋さきの（翻訳者）、高村薫（作家）、田中宏（一橋大学名誉教授）、田中優子（元法政大学総長）、田原総一朗（ジャーナリスト）、千葉真（国際基督教大学名誉教授）、暉峻淑子、西谷　修（東京外国語大学名誉教授）、羽場久美子、藤本和貴夫、星野英一（琉球大学名誉教授）、マエキタミヤコ（環境広告サステナ代表）、水島朝穂（早稲田大学教授）、毛里和子〈早稲田大学名誉教授〉、吉岡忍（作家・元日本ペンクラブ理事長）、和田春樹。なお記者会見後に歌手の加藤登紀子氏の支持をマエキタ氏が取り付けてくれ、最終的には三二人の署名となった。

田原総一朗氏、山本太郎氏も参加した記者会見

多くの人たちの力を得て、四月五日に国会議員会館で記者会見を開き、四回目の声明を発表することができた。記者会見に参加したのは、和田、岡本、伊勢崎、羽場、マエキタ、鈴木の六人。さらに伊勢崎氏の招きに応じて、田原総一朗氏とれいわ新選組代表の山本太郎議員も出席してくれた。この二人の出席は記者たちに強い印象を与えたようだった。

会見の冒頭で私が宣言を発表し、伊勢崎、羽場両氏が宣言の基調についてその内容を語った。田原氏は、「伊勢崎さんの話を聞いて、何も付け加えることはありません」と賛意を表してくれた。山本氏は「議員が即時停戦の声に十分応えていないことを遺憾に思う」と話した。

この日の記者会見は、「朝日新聞」、「東京新聞」、「中国新聞」、「沖縄タイムス」、「長周

2023年４月５日に国会議員会館で開いた記者会見では、Ｇ７広島サミットに集まる首脳陣に向けてつくった声明を発表した。写真：朝日新聞社

新聞」、「共同通信」が報道してくれた。かつてないほど多くのメディアからの反応があった。

「朝まで生テレビ！」に羽場久美子氏出演

私たちがあげた「今こそ停戦を」の声は、テレビでも報道されるようになった。四月二九日には「朝まで生テレビ！」にメンバーの一人である羽場久美子氏が出演したのである。なにせこの番組は田原総一朗氏が司会を務める番組だから、記者会見に出てくださった田原氏が決断して停戦を番組の主題に取り上げてくれたのは嬉しかった。

番組の冒頭において司会のアナウンサーがまず私たちの記者会見を紹介し、ウクライナ戦争の停戦について本日は討論すると宣言した。田原氏が着席して、真っ先に羽場氏に記者会見で何を主張したのか、話して欲しいと求めた。この日の番組には、猿田佐世（新外交イニシアティブ代表）、木村三浩（一水会代表）、階猛（立憲民主党所属衆議院議員）、武隈喜一（評論家）、中村涼香（学生、反核運動団体代表）、森本敏（元防衛大臣）、片山さつき（自由民主党所属参議院議員）、小原凡司（笹川平和財団上席研究員）というさまざまな立場の各氏が出ていたが、羽場氏の主張は真剣に受け取られ、討論された。そして番組の終盤で視聴者のアンケートのまとめが報告された、停戦を支持する人が六〇%、反対する人が三〇%という驚くべき結果であった。

この番組が放送される前の四月二六日に、注目すべき動きがあった。中国の習近平国家主席とゼレンスキー大統領が電話で協議したのである。中国側の発表ではウクライナ側からの要望で行われたという。ゼレンスキー大統領によれば「長時間の有意義な電話であった」そうだが、その内容は明らかになっていない。おそらく、ウクライナは領土の完全回復なしの和平はあり得ない、という既存の方針を中国側に説明したはずである（「読売新聞」四月二八日）。しかし、これが中国の申し出た仲介行動の第一歩であることは間違いない。

新聞意見広告へ

五月三日、「市民の意見30の会」の全面広告が「朝日新聞」と「読売新聞」に掲載された。また、全労協系の憲法共同センターの全面広告が「朝日新聞」に載った。「市民の意見30の会」の広告は、「戦争回避が政治の役割！」「大軍拡・改憲に反対します」との大きな見出し付きであった。掲載されたメッセージは次のように始まっていた。

「現在も続くロシアによるウクライナ侵攻は、他国への侵略を禁じた国連憲章に基づく国際秩序を大きく揺るがしました。いったん始まった戦争を終結させることがいかに困難かを、私たちは目の当たりにしています。」

一年も続いているウクライナ戦争についてこれだけしか言わないのでは、平和は主張できない。この戦争によって高まった安全保障の危機に対処するとして岸田政府は「大軍拡」を推進しているのである。ウクライナ戦争は止められるという違った展望を示さなければ、「大軍拡がいのちと暮らしを脅かす」と言っても、国民の支持を得られないだろう。

さらにメッセージが次のように続く。

「政治の何より重要な役割は戦争の回避です。真の平和外交には、和解の難しさがある相手に対しても、互いに譲れない最低限の要求をどれだけすり合わせていけるかの手腕が必要です。（中略）G7広島サミットは、（中略）憲法9条をもつ日本が世界に対して（中略）戦争回避の道を提案する絶好の機会です。偶発的衝突の危険をはらむ東アジアの平和維持と非核化の重要性を、日本は議長国として広島から世界に発信しなくてはなりません。」

このようなことを岸田政府に求めても、政府はウクライナについては、別の方向に進んでいるのである。本来ならば、日本政府はこのように主張すべきではないか、という趣旨なら、そのように発信すべきではないのか。政府にぶつける自分たちの主張なら、「戦争の回避」ではなく、「戦争の停止」であり、「平和の実現」だと言わねばならない。東アジア、東北アジアでは、米中戦争、米朝戦争がおこるのを防ぐことが死活問題である。そのことをはっきり言うべきである。

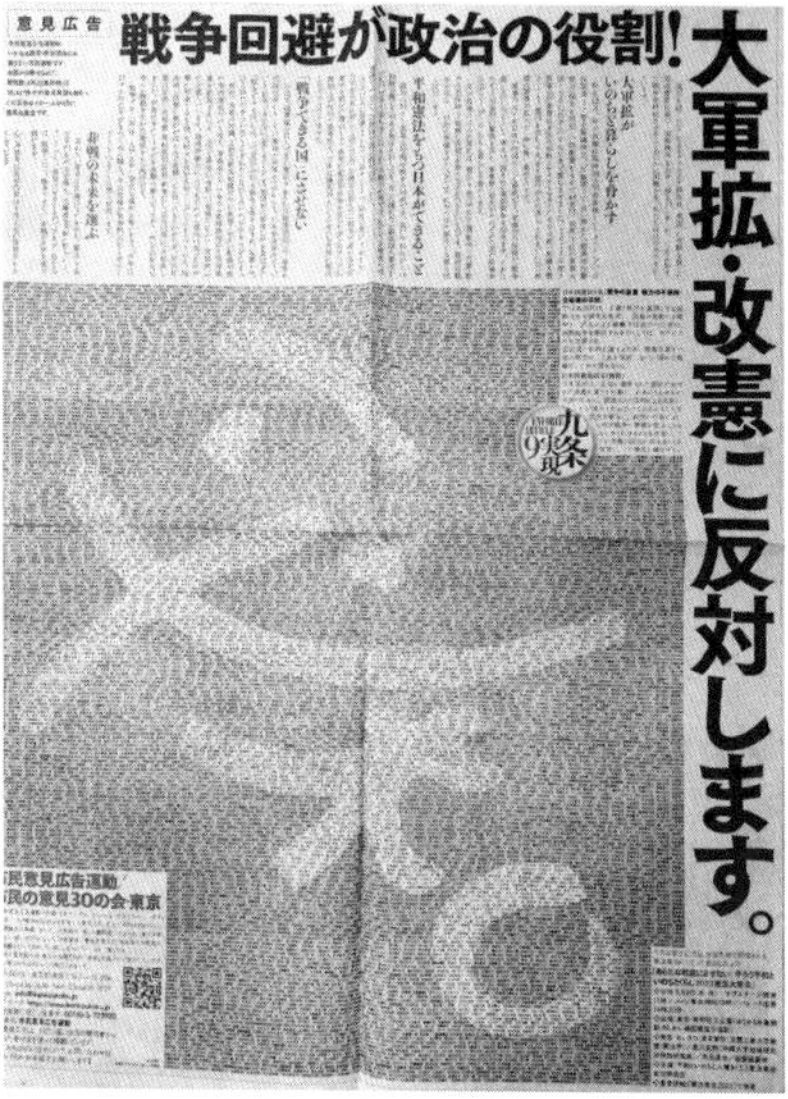
意見広告
戦争回避が政治の役割!
大軍拡・改憲に反対します。
市民意見広告運動
市民の意見30の会・東京

2023年５月３日に出された「市民の意見30の会」の意見広告には、ウクライナ戦争についての主張は最小限に抑えられていた。

「朝日新聞」に掲載された憲法共同センターの意見広告「平和とくらしをまもりつづける社会が願いです」にも不満を感じた。「大軍拡、改憲への「大転換」はいやです」というのが二番目の大見出しだから、「市民の意見30の会」の意見広告と意見が一致している。しかし、こちらはウクライナ戦争にまったく触れていない。メインの主張は「「戦争の準備」ではなく「平和の準備」を、の声をあげる時です」という今は亡き加藤周一氏の正論だが、岸田首相が「ウクライナは明日の東アジアかもしれない」と危機をあおり、軍拡をすすめているときに、ウクライナ戦争をとめることを主張しないで、「近隣の国々との対話と外交で紛争の芽を取り除く日本に」なれと抽象的に主張するだけでは十分な対抗にはならないのではないかと思った。

五月三日の憲法大集会

五月三日は有明防災公園で、憲法大集会が開かれた。二万五〇〇〇人が集まったと発表された。この集会のスローガンにはウクライナ戦争はとり挙げられなかったのだが、ウクライナ戦争の特別決議が出るというので、私は期待と不安を抱きながら参加した。大泉市民の集いの仲間たちは「Ceasefire Now! 今こそ停戦を」という横断幕を作り、集会に持って行った。マエキタさんが声明を掲載した募金のビラ二〇〇〇〇枚を準備してくれた。私たちは鈴木氏、岡本氏らとビラを配布した。どのような特別決議が出されるのか注意しながらビラの配布をしたのであるが、ウクライナ戦争決議が発表されたかどうかはわからなかった。

「プライムニュース」に伊勢崎賢治氏が招かれる

憲法大集会からしばらく経った五月一一日には、BSフジテレビの「BSフジ LIVE プライムニュース」が「紛争請負人が緊急提言　プーチン排除論に異議　停戦の行方を徹底議論」というテーマで、伊勢崎賢治氏の問題提起と五百旗頭真（元防衛大学校長）、畔蒜《あびる》泰助氏（笹川平和財団主任研究員）の討論を放映した。

司会の反町理氏が私たちが出した新しい声明について、即時停戦と欧米が武器の援助を停止することを求めていると紹介し、伊勢崎氏が積極的に自論を述べた。五百旗頭氏は、ウクライナ戦争はロシアの侵略だと主張し、停戦の時はまだ来ていないと述べたが、戦争は二〇一四年から始まっていたという伊勢崎氏の主張には同意した。

そして、五百旗頭氏は中国に停戦のための仲介をもとめるのはよいが、中国と米国の話し合いを進めるのが合目的的ではないかと助言した。畔蒜氏は停戦が必要だということを認めた。そして戦争の原因をソ連崩壊時にまで遡るとし、ウクライナをNATOに加盟させることは危険であると指摘する米政府の高官が多いと述べた。伊勢崎氏は停戦に際し、バッファーゾーンを設定して、ロシア軍をその外に撤退させることが必要だという自論を展開し、これをめぐって白熱した議論が行われた。総じて、まれにみる意味ある停戦に関する討論であった。

募金と署名

新聞に意見広告を載せるということは「G7サミット首脳たちに意見を伝えるためには新聞広告を出すことが必要だ」との考えからであった。「読売新聞」、「朝日新聞」は掲載料が高く、全面広告だと八〇〇〇万円程度、「毎日新聞」が五〇〇〇万円程度、「東京新聞」が二〇〇〇万円程度だということを聞いた。そこで二〇〇〇万円程度なら集められるのではないか、不足分は関係者が出せばなんとかなるということで、「東京新聞」を念頭に置きつつ、「中国新聞」や英字新聞も調べた。結局、「東京新聞」がいいということになり、マエキタミヤコ氏が交渉してくれたところ、二六四万円必要だということになった。それをクラウドファンディングで集めることにした。期限内に目標額に達しなければ、集まったお金は全額本人に返却されるというものである。

意見広告のための募金活動は初めてのことで、大層不安であった。サステナという環境運動の広報をやってきたマエキタミヤコ氏が責任者になってくれて、進めてくれたことが重要であった。

四月五日から始め、八日には三〇万四五〇〇円になった。マエキタ氏が初めの一週間で目標額の三〇％（八〇万円）に到達すれば、勢いがつくと檄をとばしたので、みな必死になった。ようやく八〇万七五〇〇円に到達したのは、四月一五日であった。その後、四月二六日には総額一五八万六〇〇〇円、二九日には二三五万七〇〇〇円に達した。

そこへ大きな展開が生じた。募金額が一挙に一〇〇万円も伸びたのである。これは伊勢崎氏が手紙を送った弁護士の伊藤塾塾長伊藤真氏による寄付であった。伊藤氏は他の目的のために蓄えていたお金をこの運動を成功させるためとして寄付してくれたのであった。これで目標額を七五万円も上回る額を突破し、ついに五月一三日に「東京新聞」に意見広告が掲載されたのだった。

そこで新たな野望が頭をもたげ始めた。それは、英字新聞に英文の意見広告を載せてサミットに参加するG７の首脳に我々の意見を知ってもらうというものだ。ここでもマエキタ氏の積極的な働き掛けにより、二回目のクラウドファンディングがスタートした。最終的には四三五万円もの額が集められた。こうして、五月一九日に「ジャパン・タイムス」に英文の意見広告を出すという大きな目標が叶ったのであった。

No War in Our Region! 私たちの地域の平和を。

「2023年5月広島に集まるG7指導者におくる市民の宣言」

意見広告

Ceasefire Now!

今こそ停戦を

広島サミットの首脳の皆様。武器を供与し戦争を煽るのではなく、ロシアとウクライナの停戦の交渉のテーブルを作って下さい。

'Ceasefire Now in Ukraine' and 'No War in Our Region'

Declaration of Japanese citizens to the G7 Leaders gathered at Hiroshima in May 2023

「東京新聞」（2023年５月13日）に掲載された意見広告。G７広島サミットに照準を合わせて作成した。費用はクラウドファンディングによって集めた。

一方、署名活動は四月一四日までに二一七五人から署名が集まった。再度署名を呼び掛けると、二九日までに三〇六〇人に増えた。「朝まで生テレビ！」放送の効果で三〇日と五月一日には二六六人の署名が寄せられ、三三二六人に達した。五月二日には、山本太郎議員のツイッターでの呼び掛けで、三日と四日で三〇四八人分の署名が集まり、二日で総数が倍増した。これには本当に驚いた。サミット開催直前の五月一八日には七四〇八人に達した。一万人署名をと願ったが、そこまでは獲得できなかった。

これら署名者の名簿と声明に和田、伊勢崎、岡本、マエキタ、鈴木国夫が署名して、アメリカ大使館、イギリス、ドイツ、フランス、イタリア、カナダの大使館にそれらを郵送した。

アメリカの元軍人たちの意見広告

五月一六日、オーストラリアに住んでいる友人のギャヴァン・マッコーマックから、「今日の「ニューヨーク・タイムズ」にこのような反戦広告が載ったよ」という内容のメールを受け取った。メールに添付されていたファイルを開けてみると、そこには「米国は世界の平和のための力であるべきだ（The US should be a Force for Peace in the World）」と題された反戦広告があった。そこには次のような文章が掲載されていた。

「ロシア・ウクライナ戦争は、完全なる災害でした。数十万人が死亡し、負傷しました。何百万人もの人々が避難しています。環境と経済の破壊は計り知れません。将来の荒廃は、核保有国が開戦にますます近づくにつれて、指数関数的に大きくなる可能性があります。われわれは、この戦争の一部をなす暴力、戦争犯罪、無差別ミサイル攻撃、テロリズムとその他の残虐行為を悲しみます。この衝撃的な暴力の解決策は、さらなる死と破壊を保証する、より多くの武器やさらなる戦争ではありません。アメリカ人であり、国家安全保障の専門家として、私たちはバイデン大統領と議会に、特に制御不能になる可能性のある軍事的エスカレーションの重大な危険性を考慮して、外交を通じてロシア・ウクライナ戦争を迅速に終わらせるために全力を行使するよう要請します。」

「ウクライナでのこの悲惨な戦争の直接の原因は、ロシアの侵略です。それでも、NATOをロシア国境にまで拡大する計画と行動が、ロシアの恐怖を引き起こしました。そしてロシアの指導者たちは三〇年間この点を指摘してきました。外交の失敗が戦争につながったのです。現在、ロシア・ウクライナ戦争がウクライナを破壊し、人類を危険にさらす前に、ロシア・ウクライナ戦争を終わらせるために外交が緊急に必要とされています。」

「私たちは、ウクライナを「必要なかぎり（as long as it takes）」支援するというバイデン大統領の約束は、明確に定義されておらず、最終的には達成不可能な目標を追求することになると考えています。それは、昨年のプーチン大統領の犯罪的な侵略と占領を開始するという決定と同じくらい破滅的であることが判明する可能性があります。私たちは、最後のウクライナ人までロシアと戦わせるという戦略を支持することはできませんし、支持しません。私たちは、外交への有意かつ真のコミットメント、特に、いかなる失格条件、禁止条件も伴わない即時停戦及び交渉を提唱します。」

「これまでのところ、米国は三〇〇〇億ドル相当の軍事装備と武器をウクライナに送り、ウクライナへの援助総額は一〇〇〇億ドルを超えています。戦争という大騒ぎは選ばれた少数の人々にとって非常に有益なものであると言われています。

要するに、NATOの拡大は、レジーム・チェンジと先制戦争をちりばめたユニラテラリズム（単独行動主義）を特徴とする軍事化された米国の外交政策の鍵となる柱です。最近ではイラクとアフガニスタンでの失敗した戦争は、虐殺とさらなる対立を生み出しました。これがアメリカ自身が作り出した厳しい現実です。ロシア・ウクライナ戦争は、対立と虐殺の新たな舞台を開きました。この現実は全て私たち自身が作ったものではありませんが、殺害を止め、緊張を和らげる外交的解決をつくりだすことに献身しない限り、それは私たちの不作為だとされるかもしれません。」

このアピールは最後に「アメリカを世界平和のための力（a force）にしましょう」との呼び掛けで結ばれていた。この声明は、冷戦終了後にアメリカがNATOの東方拡大を一方的に行ったことがウクライナ戦争の原因になったとし、戦争が継続すれば、核戦争が起こりかねないと警鐘を鳴らしたのだった。

この意見に署名したのは、イラク戦争に対して強い批判意識を抱いている退役軍人将校たちである。デニス・フリッツ（アイゼンハワー・メディアネットワーク責任者、米空軍司令部長、退役軍曹)、マシュー・ホー(アイゼンハワー・メディアネットワーク副責任者、元海兵隊将校、国務省・国防総省官吏)、ウィリアム・J・アストア(退役米空軍中佐)、カレン・クビアトコウスキー(退役米空軍中佐)、デニス・ライヒ(退役米陸軍少将)、ジャック・マトロック(元ソ連駐在米国大使)、トッド・E・ピアース(退役米陸軍少佐、法務官)、コリーン・ローリー(退役FBI特別捜査官)、ジェフリー・サックス(コロンビア大学教授)、クリスチャン・ソレンセン(元米空軍アラビア語専門家)、チャック・スピニー(退役国防省技師・アナリスト)、ウィンスロー・ウィーラー(共和党と民主党の議員四人の国家安全保障顧問)、ローレンス・B・ウィルカーソン(退役米陸軍大佐)、アン・ライト(退役米陸軍大佐、元米国外交官)という人たちであった。そして広告費用は、元軍人、情報機関、民間人の国家安全保障関係者の専門家で構成される「アイゼンハワー・メディアネットワーク」という組織が負担した。

この意見広告はまさに私たちの意見広告に共通する内容であり、私たちを大いに喜ばせた。私たちの意見広告に署名をしてくれた市野川容孝氏がこの声明の作成者について教えてくれた。デニス・フリッツはアメリカにおける反戦平和運動の中心を担っている人で、「ペンタゴン・ペーパーズ」を暴露した伝説的な告発者ダニエル・エルズバーグとも関係性を持つ人であるとのことだった。

ヒロシマによってウクライナ戦争を包み隠す

二〇二三年五月一九日、広島市で主要七ヵ国首脳会議「G7広島サミット」が開幕した。アメリカのバイデン大統領、イギリスのスナク首相、フランスのマクロン大統領、ドイツのショルツ首相、イタリアのメローニ首相、カナダのトルドー首相、日本の岸田首相にフォン・デア・ライエン欧州委員会委員長とミシェル同理事会議長（大統領）が参加した。さらに、韓国、インド、インドネシア、ベトナム、オーストラリア、ブラジル、コモロ、クック諸島の元首がセッションに招待された。

サミット開幕当日の朝、「ジャパン・タイムス」に私たちによる意見広告が掲載された。素晴らしい広告となった。この広告が掲載された新聞は、サミット会場やサミット報道センターでも配布された。報道センターで外国人記者が私たちの広告が載ったページを広げて読んでいる姿を写した写真がわれわれのところに届けられた。

この日に行われた第二セッションでは、今回のG7の最大のテーマである、ウクライナ問題が議論された。ゼレンスキー大統領は当初、オンラインで参加すると伝えられていたが、サミットの初日になって、ゼレンスキー大統領が二〇日に広島を訪れることが急遽発

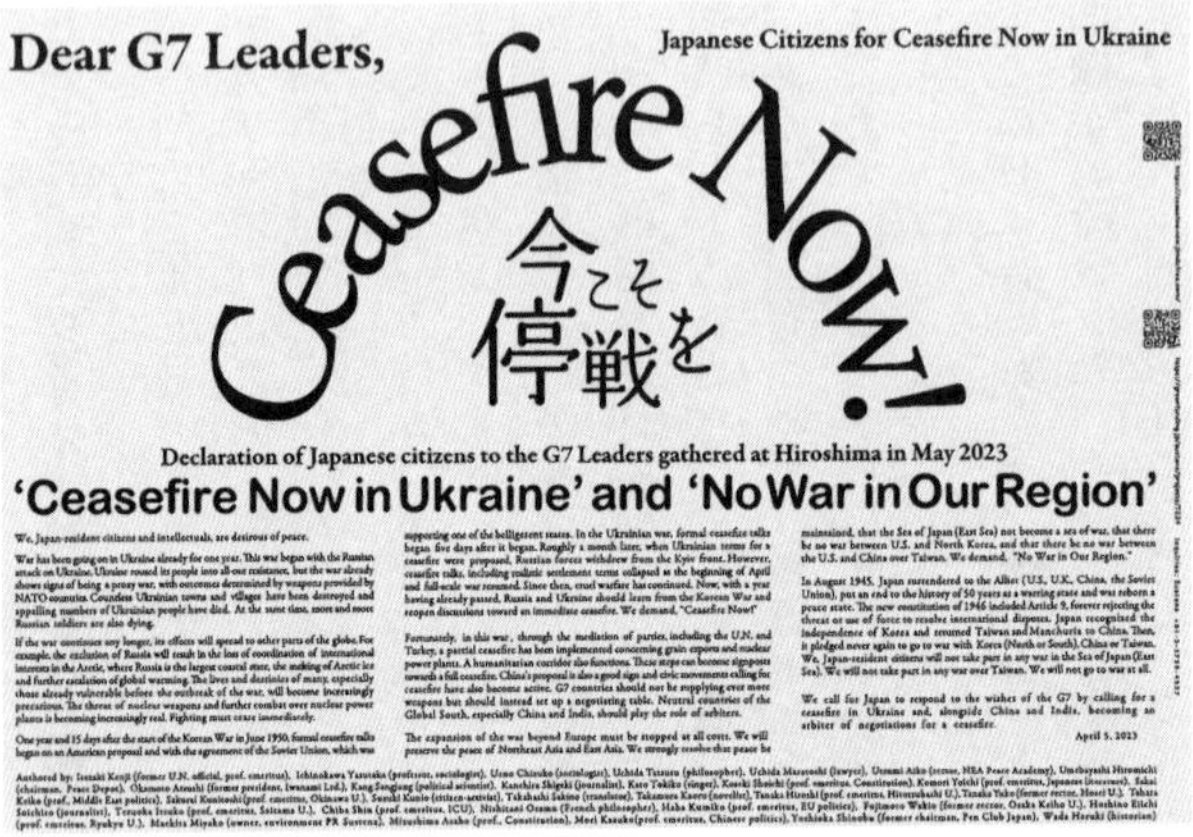
Dear G7 Leaders,

Japanese Citizens for Ceasefire Now in Ukraine

Ceasefire Now!

今こそ停戦を

Declaration of Japanese citizens to the G7 Leaders gathered at Hiroshima in May 2023

'Ceasefire Now in Ukraine' and 'No War in Our Region'

We, Japan-resident citizens and intellectuals, are desirous of peace.

War has been going on in Ukraine already for one year. This war began with the Russian attack on Ukraine. Ukraine roused its people into all-out resistance, but the war already shows signs of being a proxy war, with outcomes determined by weapons provided by NATO countries. Countless Ukrainian towns and villages have been destroyed and appalling numbers of Ukrainian people have died. At the same time, more and more Russian soldiers are also dying.

If the war continues any longer, its effects will spread to other parts of the globe. For example, the exclusion of Russia will result in the loss of coordination of international interests in the Arctic, where Russia is the largest coastal state, the melting of Arctic ice and further escalation of global warming. The lives and destinies of many, especially those already vulnerable before the outbreak of the war, will become increasingly precarious. The threat of nuclear weapons and further combat over nuclear power plants is becoming increasingly real. Fighting must cease immediately.

One year and 15 days after the start of the Korean War in June 1950, formal ceasefire talks began on an American proposal and with the agreement of the Soviet Union, which was supporting one of the belligerent states. In the Ukrainian war, formal ceasefire talks began five days after it began. Roughly a month later, when Ukrainian terms for a ceasefire were proposed, Russian forces withdrew from the Kyiv front. However, ceasefire talks, including realistic settlement terms collapsed at the beginning of April and full-scale war resumed. Since then, cruel warfare has continued. Now, with a year having already passed, Russia and Ukraine should learn from the Korean War and reopen discussions toward an immediate ceasefire. We demand, "Ceasefire Now!"

Fortunately, in this war, through the mediation of parties, including the U.N. and Turkey, a partial ceasefire has been implemented concerning grain exports and nuclear power plants. A humanitarian corridor also functions. These steps can become signposts towards a full ceasefire. China's proposal is also a good sign and civic movements calling for ceasefire have also become active. G7 countries should not be supplying ever more weapons but should instead set up a negotiating table. Neutral countries of the Global South, especially China and India, should play the role of arbiters.

The expansion of the war beyond Europe must be stopped at all costs. We will preserve the peace of Northeast Asia and East Asia. We strongly resolve that peace be maintained, that the Sea of Japan (East Sea) not become a sea of war, that there be no war between U.S. and North Korea, and that there be no war between the U.S. and China over Taiwan. We demand, "No War in Our Region."

In August 1945, Japan surrendered to the Allies (U.S., U.K., China, the Soviet Union), put an end to the history of 50 years as a warring state and was reborn a peace state. The new constitution of 1946 included Article 9, forever rejecting the threat or use of force to resolve international disputes. Japan recognized the independence of Korea and returned Taiwan and Manchuria to China. Then, it pledged never again to go to war with Korea (North or South), China or Taiwan. We, Japan-resident citizens will not take part in any war in the Sea of Japan (East Sea). We will not take part in any war over Taiwan. We will not go to war at all.

We call for Japan to respond to the wishes of the G7 by calling for a ceasefire in Ukraine and, alongside China and India, becoming an arbiter of negotiations for a ceasefire.

April 5, 2023

Authored by: Isezaki Kenji (former U.N. official, prof. emeritus), Ichinokawa Yasutaka (professor, sociologist), Ueno Chizuko (sociologist), Uchida Tatsuru (philosopher), Uchida Masatoshi (lawyer), Utsumi Aiko (rector, NEA Peace Academy), Umebayashi Hiromichi (chairman, Peace Depot), Okamoto Atsushi (former president, Iwanami Ltd.), Kang Sangjung (political scientist), Kanehira Shigeki (journalist), Kato Tokiko (singer), Koseki Shoichi (prof. emeritus, Constitution), Komori Yoichi (prof. emeritus, Japanese literature), Sakai Keiko (prof., Middle East politics), Sakurai Kunitoshi (prof. emeritus, Okinawa U.), Suzuki Kunio (citizen-activist), Takahashi Sakino (translator), Takamura Kaoru (novelist), Tanaka Hiroshi (prof. emeritus, Hitotsubashi U.), Tanaka Yuko (former rector, Hosei U.), Tahara Soichiro (journalist), Teraoka Itsuko (prof. emeritus, Saitama U.), Chiba Shin (prof. emeritus, ICU), Nishitani Osamu (French philosopher), Haba Kumiko (prof. emeritus, EU politics), Fujimoto Wakio (former rector, Osaka Keiho U.), Hoshino Eiichi (prof. emeritus, Ryukyu U.), Maekita Miyako (owner, environment PR Sustena), Mizushima Asaho (prof., Constitution), Mori Kazuko (prof. emeritus, Chinese politics), Yoshioka Shinobu (former chairman, Pen Club Japan), Wada Haruki (historian)

G７広島サミット開会日の「ジャパン・タイムス」（2023年５月19日）に掲載された意見広告。

表された。これは予定された参加のかたちであったので、ウクライナ問題についての基本的な協議は、ゼレンスキー氏抜きで行われたということである。

ウクライナ問題に関する首脳会議の合意は、二〇日に発表されたG７広島サミット首脳声明において述べられた。そこでは「ロシアの違法な侵略戦争に直面する中で、必要とされる限り（as long as it takes）、ウクライナを支援する」ことが宣言された。それに先立って一九日には、第二セッションの協議の結果を受けた「ウクライナに関するG７首脳声明」が発表されていた。

「本日、我々は、主権国家であるウクライナに対するロシアの違法な侵略を確実に失敗させ、国際法の尊重に根ざした公正な平和を追求するウクライナ国民を支援するため、新たな措置を講じている。我々は、必要とされる限り、ウクライナが求める、財政的、人道的、軍事的及び外交的支援を提供するという我々のコミットメントを新たにしている。我々は、ロシア及びロシアによる戦争遂行を支援する者に対するコストを増加させるための更なる制裁及び措置を課している。」

さらにウクライナ戦争の目的については、次のように宣言した。

「我々は、ロシアに対し、進行中の侵略を止め、国際的に認められたウクライナの領域全体から即時、完全かつ無条件に部隊及び軍事装備を撤退させるよう強く求める。ロシアがこの戦争を始め、この戦争を終わらせることができる。ロシアによるウクライナ侵略は、国際法、特に国連憲章の違反を構成する。我々は、力によってウクライナの領域を獲得しようとするロシアの違法な試みに対する我々の断固とした拒絶を改めて表明する。我々は、ロシアの部隊及び軍事装備の完全かつ無条件の撤退なくして公正な平和は実現されないことを強調する。これは和平を求めるあらゆる呼びかけに含まれなければならない。」

発表された声明からわかることは、このたびのロシアの侵攻以前の状態に戻せ、という主張をしていることだ。声明では明確に言及されていないが、クリミア奪還というウクライナの主張は支持されていない。そのことは次のくだりからも明らかだ。

「我々は、本年二月に、国際社会の広範な支持の下に採択された国連総会決議である「ウクライナにおける包括的、公正かつ永続的な平和の基礎となる国連憲章の諸原則」決議（A/RES/ES-11/6）を改めて想起し、ウクライナの包括的、公正かつ永続的な平和を実現するための具体的な取組を引き続き追求していく。我々は、引き続き外交にコミットしており、また、国連憲章に沿った基本原則を平和フォーミュラにおいて掲げるというヴォロディミル・ゼレンスキー・ウクライナ大統領の真摯な努力を歓迎し、支持する。実行可能な戦後和平のため、我々は、関心のある国及び機関並びにウクライナと共に、ウクライナが自らを守り、自由で民主的な未来を確保し、将来のロシアの侵略を抑止することを支援するための持続的な安全保障や他のコミットメントに関する取決めに引き続き達する用意がある。」

声明では、二〇二二年一一月にゼレンスキー大統領が提案した一〇項目の和平案「平和フォーミュラ」について触れられているものの、その全体を明確には支持しておらず、「国連憲章に沿った基本原則」を「平和フォーミュラ」に掲げる大統領の努力を支持する」というだけの曖昧な表現となっている。つまり、一九九一年のウクライナ独立時の国境の再確立を目指しているゼレンスキー大統領の願いは、現在「留保」という状態にあるのだ。

ということは、ウクライナの総反攻がヘルソン、ザポリージャ、ドネツ、ルガンスクというロシアが併合を宣言した四地域からロシア軍を追い出そうという作戦であるという前提で、NATOとEUに続いて日本を含めたG7もウクライナを支持して、参戦するという決意表明がなされたのである。

バイデン大統領はヨーロッパ諸国が保有するアメリカ製の多用途戦闘機「F-16」をウクライナに供与することをついに認めた。日本も自衛隊の兵員輸送車輌一〇〇台をウクライナに与えることを決定した。また負傷兵の治療も認め、すでにウクライナの傷病兵二名を自衛隊の病院で治療するという戦闘補助行動も開始されている。その一方で、ロシアに対しては、武器供与する第三者に対してこれを阻止し、罰する措置をとると威嚇した。

また東北アジア地域については、中国と北朝鮮に特別の注意を払っている。ただし中国に対しては、相対的に、穏やかな姿勢が示された。その一方、北朝鮮に対しては、ミサイルの発射を不法な行為であるとし、国際的対処が必要であるとした。その上で北朝鮮の完全かつ検証可能な、不可逆的な核兵器の放棄を目指すと宣言し、日本、米国、韓国からの対話を受けるように求め、人権の尊重、国際人道援助団体の入国を認めよ、拉致問題を即時解決せよと北朝鮮側に促している。だがロシアとは異なり、あらたな制裁措置、圧迫措置はとられなかった。

G7のうち、四ヵ国（イギリス、ドイツ、イタリア、カナダ）は二〇〇〇年前後に北朝鮮と国交を結んでいる。北朝鮮との国交を断絶して欲しいと河野太郎氏がかつて外務大臣であった二〇一七年にコロンビア大学での講演で述べたことがあるが、それに類するような措置を今回のG7広島サミットにおいて岸田首相は提案することはなかった。ウクライナ戦争の東アジアへの直接的な拡大は回避された。

ウクライナ戦争を推進する体制を世界に拡大するために「グローバル・サウス」の国々をサミットに招いたのだが、成功しなかった。ブラジルのルラ大統領は、ロシアへの制裁に対し、明確に異議を唱えたのだ。それを受けてか、ロシアとウクライナの双方に停戦を呼びかけたいと明言したルラ氏に対し、ゼレンスキー大統領は面会することはなかった。ロシア包囲網の取り込み対象として狙ったのは、インドのモディ首相で、ゼレンスキー大統領が重視したのもモディ首相との会談であった。モディ首相は「個人的には」ゼレンスキー大統領に対して好意を表したが、ロシアにもウクライナにもどちらにも加担しないというインドの「中立的な姿勢」は変わることはなく、ゼレンスキー大統領からみれば、モディ首相との会談では大きい成果は得られなかった。アフリカ連合の議長、コモロのアザリ・アスマニ大統領はいかなる発言の機会もなく、広島を去った。

結局のところ、G7サミットは、三月二一日に岸田首相がキーウで結んだウクライナ・日本反露同盟を、広島サミットという「オブラート」に包んで、日本国民に支持させることを果たしたというわけだ。サミットが閉幕し、岸田内閣の支持率はサミット前の四七％から五六％に上昇した（「読売新聞」五月二一日）。この数字から見る限り、広島でのG7サミットは「一応」は成功したということになる。

アメリカの平和運動が動く

G7広島サミットが終わった後、サミットに向けた声明の発起人の市野川容孝氏がアメリカの政治専門誌「The Hill（ザ・ヒル）」の五月二四日号にバイデン、プーチン、ゼレンスキーに戦争を止めて、交渉をしてほしいと求める運動、「ウクライナに平和を連合」が意見広告を出したと知らせてくれた。

調べてみると、その運動は「CODE PINK（コード・ピンク）」という女性の平和運動団体がイニシアティヴをとった運動であった。「CODE PINK」は、二〇〇二年一一月に女性活動家ジョディ・エヴァンスとメデア・ベンジャミンが中心になってつくり、草の根市民の平和運動を通じてイラク戦争反対などの活動を行ってきた組織だ。エヴァンスはカリフォルニア州知事ジェリー・ブラウンの初代官房長を務めた人で、その職を辞して、環境問題の住民運動をはじめた。ベンジャミンは経済学者から運動家になった人で、多くの平和賞を受賞している。

この二人が共同代表をつとめる「CODE PINK」が他の多くの団体組織に呼び掛けて、三首脳に対する訴えを出す運動を開始したのである。すでにノーム・チョムスキー、ダニエル・エルズバーグ（二〇二三年六月一六日に逝去。これが最後の行動となった）、ジェフリー・サックス、ピンク・フロイドの元リーダー、ロジャー・ウォーターズ、黒人牧師ジェシー・ジャクソンなどが署名している。訴えは次のようなものである。

「人殺しと全面破壊をやめるときだ。今こそ停戦と平和交渉を

ウクライナの戦争は数万のウクライナ人とロシア人の命を奪い、数百万の人々を故郷から追い出し、大地と空気と水を汚染し、気候危機を悪化させました。

戦争が続けば続くほど、螺旋状に高まるエスカレーションの危険は大きくなり、戦

争、環境破壊、核戦争へ広がっていきかねません。

戦争は差し迫った人間の必要事の解決にあてられうる幾十億もの金をうばいます。全面的な軍事的勝利はロシアもウクライナもかちとることはできません。法王フランシス、国連事務総長グテレス、ブラジル大統領ルラ・デ・シルヴァ、トルコ大統領エルドガン、中国の習近平らの人々がよびかけている停戦と合意した終結をこの破滅的な戦争にもたらすように支援する時です。

殺しをやめ、停戦に合意し、交渉を始めて下さい。」


意見広告には、この呼び掛けへの賛同と、これを一般紙に意見広告として発表するための募金が呼び掛けられており、六月一〇日現在で三八〇〇の署名が集まったと発表されている。ついに米国でも「Ceasefire Now! 今こそ停戦を」の運動が動き出したのである。

グローバル・サウスの国々が停戦のために動き出す

二〇二三年五月二〇日、プリゴージンがバフムトを完全に支配したと声明を出し、ワグネルが撤退することを明らかにした。だが、六月に入ると、ウクライナ軍の総反攻が始まったことが明らかになった。その中でグローバル・サウスの国々が平和、停戦のために動き出した。

六月三日、第20回アジア安全保障サミット（シャングリラ会合、国際戦略研究所主催）が開催された。会合の場でインドネシアのプラボウォ・スビアント国防相は、ウクライナとロシアに即時和平交渉を開始するよう促す宣言を求め、「和平プラン」を提示した。それは「現場での停戦。現在地点で両衝突者が現場で敵対行為を停止する。両者が前進地点から新非武装地帯へ一五キロ後退する。国連のモニター監視部隊を編成し、この新非武装地帯にそって即時配備する。国連が紛争地域でそれらの地域の大多数の住民の願望を客観的に確認するために住民投票を組織し、実行しなければならない」という内容であった。そしてプラボウォ国防相は「インドネシアは国連が主宰する平和維持活動の枠内で軍事的監視団と軍部隊を派遣する用意があることを宣言したい」と述べ、最後に朝鮮戦争の先例を見習うべきだと述べた。

さらに六月一九日、インドネシアのジョコ大統領は、インドネシアを訪れていた天皇皇后両陛下と面会し、「インドネシアはウクライナの平和のために様々な努力をしている」と説明した。ジョコ大統領のこの言葉に対し、天皇陛下は「その努力に敬意を評されたい」と述べられたとの報道がなされた。

そして六月一六日、G7広島サミットから帰国したアフリカ連合議長国コモロのアザリ・アスマニ大統領は南アフリカ連邦共和国シリル・ラマポーザ大統領らアフリカの六ヵ国の首脳らとともにウクライナを訪問し、独自の一〇の和平案を提示した。その内容は、「外交による終結、交渉の早期開始、緊張緩和、国連憲章による主権尊重、全当事者の安全保障、穀物・肥料の安全輸送、人道支援、捕虜交換と子供の帰還、戦後の復興支援、アフリカとの協力」というものだった。（「時事通信」、「しんぶん赤旗」より）

これらの提案に対し、ゼレンスキー大統領は「占領者が我々の土地にいる今、ロシアと交渉を認めることは、戦争を凍結し、痛みと苦しみを凍結することだ」と拒否した。アフリカの代表団は翌一七日にはロシアも訪れ、プーチンに同じ提案を行った。プーチンは「交渉しないと宣言しているのはウクライナの方だ」と述べた。

このような動きの中で、アメリカのブリンケン国務長官が六月一八日に中国を訪問した。訪問を終えた翌一九日の記者会見の中で「ロシアのウクライナ侵略を巡り、中国が他の国々と建設的な役割を果たすことを歓迎する」と表明した（「読売新聞」六月二〇日）。ブリンケンは中国にウクライナ戦争停戦の仲介を進めるよう要請しに行ったとみえる。

戦闘は今もなお進行している。ウクライナ戦争の中でもっとも残酷な戦闘になるであろう。「今こそ停戦を！　Ceasefire Now!」の叫びが、この戦争の力を圧することができるか否かで、この地球上に生きるわれわれの運命が決まるのである。

【著者】
和田春樹（わだ はるき）
1938年大阪生まれ。東京大学文学部西洋史学科卒業。東京大学名誉教授。専門はロシア・ソ連史、現代朝鮮研究。主な著書に『ヒストリカル・ガイド ロシア』『テロルと改革』（以上、山川出版社）、『歴史としての社会主義』『北方領土問題を考える』『朝鮮戦争全史』『日露戦争 起源と開戦（上・下）』『北朝鮮現代史』（以上、岩波書店）、『スターリン批判 1953〜56年』『ロシア革命』（以上、作品社）、『金日成と満州抗日戦争』『東北アジア共同の家』『領土問題をどう解決するか』『慰安婦問題の解決のために』（以上、平凡社）、『日朝交渉30年史』（ちくま新書）など。

平凡社新書１０３４

ウクライナ戦争 即時停戦論

発行日――2023年８月10日　初版第１刷

著者――和田春樹

発行者――下中順平

発行所――株式会社平凡社
〒101-0051 東京都千代田区神田神保町3-29
電話（03）3230-6580［編集］
（03）3230-6573［営業］

印刷・製本―図書印刷株式会社

装幀――菊地信義

ISBN978-4-582-86034-4
平凡社ホームページ https://www.heibonsha.co.jp/